문재인 정부의 경제정책 전환과 과제

서울사회경제연구소 엮음

유종일 · 주상영 · 박규호 · 박상인 · 이선화 · 류덕현 지음

한울
아카데미

이 도서의 국립중앙도서관 출판예정도서목록(CIP)은 서지정보유통지원시스템 홈페이지(http://seoji.nl.go.kr)와 국가자료종합목록 구축시스템(http://kolis-net.nl.go.kr)에서 이용하실 수 있습니다. CIP제어번호 : CIP2019050925

머리말

문재인 정부가 경제정책의 기본 방향을 바꾸고 있다. 양적 고도성장을 추구하던 과거의 정책에서 벗어나 '포용적 혁신'을 추구하고 있다. 모두 다 함께 잘사는, 혁신을 통한 성장을 달성하려고 한다. 이를 실현하기 위한 경제정책의 3대 축이 '소득주도성장', '혁신성장', '공정경제'이다.

이 책은 문재인 정부가 추구하는 경제정책의 전환에 대해 평가하려고 한다. 경제정책의 전환은 경제의 패러다임을 바꾸는 것을 목표로 하므로 단기간에 끝날 수 있는 문제도 아니고, 그 효과를 쉽게 확인하기도 어렵다. 성급히 평가하는 것을 경계해야 한다. 특히 정치적 입장이 제대로 된 인식을 방해할 수 있어 경제정책 전환의 순수 효과를 살피기가 쉽지 않다. 그렇기에 본격적이고 종합적인 평가를 내리기는 조심스럽다. 그렇지만 이제 문재인 정부가 들어선 지 2년 반이 지난 만큼 정책 방향이 옳게 설정되어 있는지, 그리고 정책 수단이 정책 방향을 잘 수행할 수 있도록 마련되어 집행되고 있는지 등 중간 점검을 할 수 있는 정도로는 시간이 지났다고 본다. 또한 향후 정책 전환이 성공적으로 이루어지기 위해서는 어떠한 보완이 필요할지 등에 대해서 논의할 만한 때가 되었다고 본다.

문재인 정부의 3대 경제정책을 둘러싼 지금까지의 평가는 대체로 비판적이다. 경제정책 전환의 방향 자체가 잘못 설정되었으니 과거의 정책으로 되돌아가야 한다고 주장하는 의견도 있고, 반대로 이래서야 경제개혁이 이루어지겠느냐며 경제정책 전환의 의지 자체가 부족하다고 회의를 나타내는 의견도 있다. 이 책은 실린 글에 따라 다소 편차를 보이긴 하지만 위에 언급한 양 주장의 중간 정도 입장을 취한다고 볼 수 있다. 문재인 정부의 정책 전환 노력이, 기존 한국 경제성장 방식이 한계에 부딪힌 것을 반영하고 있을 뿐 아니라 양극화를 심화시키는 지나친 시장자유주의적 자본주의에 대한 전 세계적인 반성과 궤를 같이하는 것으로, 그 방향은 지극히 옳지만, 구체적인 정책 설계와 집행에서 문제가 있다고 본다.

이 책은 모두 5개의 글로 구성되어 있다. 먼저 정책 전환을 시도하게 된 배경이라 할 수 있는 양극화의 심화 문제를 다룬다. 양극화의 원인을 역사적, 구조적으로 파악하고, 그에 기초해 해결 전략에 대해서 살핀다. 그 다음 세 개의 글은 문재인 정부가 들어선 이후의 경제정책 전환 노력에 대해 평가하는 부분이다. 문재인 정부의 3대 핵심 경제정책인 소득주도성장, 혁신성장, 공정경제 각각에 대해 평가하고 향후 과제를 제시한다. 그 다음 글에서는 정책 전환을 제대로 추진하기 위한 중요한 수단으로서 재정 문제를 다룬다. 한국의 재정구조가 갖는 한계를 극복하기 위한 재정 개혁을 제시한다.

각각의 글 내용을 간단히 소개하면 다음과 같다. 먼저 유종일의 「한국경제 양극화의 역사적 기원, 구조적 원인, 해소 전략」은 경제정책 전환의 필요성을 양극화의 심화에서 찾고 있다. 이 글에서 저자는 양극화의 1997년 외환위기 기원론은 오류이며 그 시발점은 '3저호황' 이후 즉 1990년대 초반부터 나타난 구조 변화에서 찾을 수 있다고 본다. 이 시기에 수출 대기업들이 자동화와 아웃소싱에 주력하며 고용회피 전략을 택함으로써 성장이 좋은 일자리 증가로 이어지지 못하게 되었고, 대기업과 중소기업 간 노동시장의 이중구조화가 심화되었다는 것이다. 그리고 요소 투입형 추격 성장체제가 한계에 다다랐으나 혁신 주도형 지속성장체제로의 전환이 지지부진하여 그 결과 성장률이 급격히 하락하고 소득 불평등이 증가하였다는 것이다. 양극화 해소를 위해서는 노동시장의 이중구조 문제를 해결하고 조세제도와 교육제도를 개혁하여 부의 대물림을 완화해야 할 뿐 아니라, 근본적으로는 혁신 주도형 지속성장체제로의 전환을 완성하여 포용적 성장을 이루어야 한다고 강조한다.

주상영의 「소득주도성장의 정책 프레임워크와 주요 정책」은 문재인 정부 3대 핵심 경제정책 중 '소득주도성장'에 대해서 평가한다. 그는 소득주도성장이 성장 관련한 논의에서 차지하는 위치를 점검하고, 소득주도성장의 경로를 크게 세 가지, 즉 노동, 금융, 재정으로 구분하고 각 경로를 강화하기 위한 정책 대안들을 제시하였다. 그는 문재인 정부 출범 이후의 정책이 세 경로 중 주로 노동 경로에 치중하였다는 점을 지적하고, 독과점 규제, 경제민주화 과제의 지속적 추진, 기업소득 환류세제의 정교화, 대·중·소기업 협력이익 공유제의 정착, 스튜어드십 코드 활용 등 금융, 재정 경로의 강화를 향후 소득주도성장을 추진하는 데 중요한 과제임을 주장하였다. 그 밖에 소득주도성장을 위해 공교육 강화, 생활·문화 공공투자, 의료·교육·돌봄·환경 분야의 일자리 확대와 나누기도 필요하다고 강조하였다.

박규호의 「문재인 정부의 혁신성장정책에 관한 비판적 고찰」은 문재인 정부의 '혁신성장'에 대해서 평가하고 향후 정책 방향을 제시한다. 그는 문재인 정부가 추진하고 있는 혁신성장정책을 세 가지 측면에서 비판적으로 살펴보았다. 첫째, 정책 흐름의 측면에서 기존 방식과 혁신적 활동이 중첩하여 진행되면서 후자를 약화시키는 문제가 있고, 둘째, 정책 내적 측면에서 경로 의존성 때문에 기존 방식의 정책이 계속 실행되어 목표와 수단이 맞지 않고, 단기 성과주의 때문에 정책 혁신이 이루어지지 않는 문제가 있으며, 셋째, 정책 효과성 측면에서 현재의 지식 생태계와 비즈니스 생태계가 새로운 시도 또는 상업화를 제대로 하지 못하는 문제가 있다고 지적한다. 결국 혁신적 성장을 위해서는 발상의 발본적인 전환을 통해 정책 자체를 혁신해야 하고, 생태계의 풍부화와 사회적 안전망 구축을 통해 혁신 활동이 역동적으로 이루어지도록 만들어야 한다고 주장한다.

박상인의 「문재인 정부의 공정경제정책 평가와 과제」는 문재인 정부의 '공정경제'에 대해서 평가하고 있다. 그는 공정경제 실현에 있어서 재벌에 의한 경제력 집중이 가장 중요한 장애요인이고, 따라서 재벌개혁은 공정경제 실현을 위해 필수 불가결하다는 입장이다. 문재인 정부의 재벌개혁 추진에 대해서는 부정적인 자세를 취한다. 대통령의 재벌개혁 공약 자체가 경제력 집중의 해소에 부족한 수준이었고, 대통령의 권한으로 충분히 수행할 수 있음에도 입법의 어려움을 핑계로 재벌개혁을 미루고 있다고 비판하고 있다. 특히 2018년 지방선거 이후로 정부가 인터넷전문은행 특례법 제정에 그치지 않고, 차등의결권 제도 도입, 개인정보 보호법의 개정 등을 통해 오히려 친재벌적 정책을 추진하지 않을까 우려하고 있다. 저자는 재벌개혁이 경제정의에 그치지 않고 한국 경제의 지속가능한 성장과 포용적 사회를 이루기 위해서도 필요하다고 강조한다.

이선화·유덕현의 「복지재정과 교육재정 적정성 전망과 지방재정 운용에의 시사점」은 경제정책 전환의 전제가 되는 재정 문제를 다룬다. 인구구조 변화에 대응하여 복지재정 및 교육재정이 적정하게 이루어지고 있는지를 평가하고, 그 운용에 대한 시사점을 도출하고 있다. 소득수준과 인구구조를 포함한 한국의 재정운용 여건이 2015년의 OECD 주요 21개 국가와 가장 유사해지는 해는 2025년으로 전망하고, 이때의 교육재정 지출 비중은 총지출 대비 16.1%로 OECD 국가들의 평균치에 비해 4.3%p가 높은 것으로, 반면 복지지출 비중은 23.1%로 OECD 평균에 비해 15.3%p가 낮은 것으로 추정하였다. 한국 재정운용의 문제는 OECD 국가에 비해 높은 교육재정 지출, 낮은 복지지출 구조로 되어 있다는 점이다. 저자들은 인구구조의 급변으로 지방재정과 교육재정에 대한 재정개혁의 필요성이 높아지고 있다고 보고 일반지방재정과 교육재정을 부분적·점진적으로 통합하여 운영하는 것을 정책대안으로 제시하고 있다.

이 책이 나올 수 있도록 소중한 글을 써주신 저자들 모두에게 깊은 감사를 드린다. 그리고 이 책의 편집을 맡아 준 한울출판사의 관계자분들,

특히 편집 과정에서 꼼꼼히 교열 작업을 해주신 전성준 님에게도 감사드린다. 아무쪼록 이 책이 한국경제의 바람직한 경제정책 형성에 조금이라도 도움이 되기를 기대한다.

2019. 12

서울사회경제연구소 소장 장세진

차례

제1장

한국 경제 양극화의 역사적 기원, 구조적 원인, 해소 전략

외환위기 기원론과 성장체제 전환 지체론*

유종일 | KDI국제정책대학원 교수

1. 문제 제기

1997년 발생한 소위 'IMF 외환위기' 이후 양극화는 한국 경제의 최대 이슈가 되었다.1) IMF가 애초에 요구한 구제금융 조건보다 한 발 더 나간 개혁 조치, 소위 'IMF플러스'를 추진한 김대중 정부는 조기에 위기를 극복했다고 자축했다.2) 하지만 이러한 조치들은 고용불안과 소득불평등을 악화시켜 한국

* 이 글은 한국경제발전학회의 ≪경제발전연구≫, 제24권 1호(2018.3)에 실린 글을 수정한 것이다.

1) 1997년 '아시아금융위기'의 일환으로 한국 경제는 외환위기를 맞았고, IMF의 구제금융에도 불구하고 전면적인 경제위기로 빠져들었다. IMF가 가혹하면서도 부적절한 구제금융 조건을 부과하여 위기를 악화시켰다는 점에서 흔히 당시의 경제위기를 'IMF(외환) 위기'라고 부른다. 본고에서는 '1997년 외환위기' 혹은 단순히 '외환위기'로 칭한다. 2008년 글로벌금융위기 당시에도 한국 경제에 외환위기가 찾아왔으나, 본고에서 언급하는 외환위기는 1997년의 위기를 말한다.

2) IMF와의 협상과 IMF플러스 등에 관해서는 지주형(2011) 참조. 이제민(2007)도 외환위기 당시 IMF를 앞세운 국제금융자본이 한국 경제의 신자유주의적 개혁을 강요했다는 것은 분

경제의 양극화를 부추겼다. 통계청이 발표하는 GINI계수에 의하면 한국의 소득불평등은 시장소득 기준으로는 OECD 최저 수준이고, 소득재분배 효과가 극히 낮은 탓에 가처분소득 기준으로는 OECD 평균 수준으로 나타난다. 하지만 통계청의 조사 결과를 국민계정이나 소득세 자료와 대조해 보면 금융소득이 누락되고 상위소득자의 소득이 과소 파악되었음을 확인할 수 있고, 이는 빈부의 격차가 실제로는 통계청 발표보다 훨씬 크다는 것을 의미한다.[3] 근래에는 이러한 격차가 고착화되어 "개천에서 용 나기"가 불가능해지는 문제, 즉 사회적 이동성 혹은 계층 이동성의 감소가 부각되고 있다.

하지만 본고는 양극화의 역사적 기원은 1997년 외환위기가 아니라 1990년대 초반 성장체제 전환에 실패한 데서 찾아야 한다고 주장한다. 이러한 주장의 근거는 크게 두 가지다. 첫째, 통계적으로 엄밀하게 따져보면 양극화가 시작된 시점이 외환위기 이전 1990년대 전반이었다. 둘째, 양극화는 박정희 시대 이래의 추격형 요소 투입 성장체제가 한계에 부딪친 후 혁신형 지속성장체제로의 전환에 실패하면서 나타난 현상이었다.

이러한 인식이 가지는 의미는 다음과 같다. 첫째, 외환위기가 양극화를 악화시킨 것은 사실이지만, 외환위기 자체가 성장체제 전환 실패의 결과였기 때

명한 사실이라고 지적한다.

3) 이러한 문제를 보정할 경우 시장소득 기준의 2010년 지니계수가 OECD에서 5번째로 높게 나온다(김낙년·김종일, 2013). 또한 소득세 자료를 기초로 상위 1%, 5%, 10%가 차지하는 비중을 추정한 결과는 최상위계층의 소득 비중이 급격히 증가하고 있으며, 미국 다음으로 심각한 수준이다. 노동소득의 불평등에 관한 지표들도 우리나라의 소득불평등이 국제적으로 매우 높은 수준임을 보여주고 있다. OECD에 따르면 한국의 임금불평등은 '하위 10% 대비 상위 10% 비율'(P90/P10)이 4.7로서 2013년 미국, 이스라엘, 터키에 이어 네 번째로 높다. 이는 노동부가 '5인 이상 사업체 상용직'을 대상으로 집계한 결과에 토대한 것이고, 경제활동인구조사 부가조사의 자료로 계산하면 위 비율이 5.1이 넘어 OECD 최고수준의 임금불평등을 보인다. 중위임금 미만의 임금을 받는 저임금계층의 비중도 24~25%로서 미국과 함께 OECD 국가 중 최고수준을 보인다(유종일, 2016).

문에 '양극화 외환위기 기원론'은 더 근본적인 문제를 호도할 수 있다는 점이다. 둘째, 양극화의 구조적 원인을 정확하게 파악하고 올바른 해소 전략을 수립하려면 1997년 외환위기 이후의 미시적인 제도 변화뿐만 아니라 성장체제의 본질적인 문제를 파악해야 한다.

본고는 위와 같은 문제의식에서 양극화의 역사적 기원과 구조적 원인, 그리고 해소 전략을 검토해 보고자 한다.

2. 양극화 경향의 시발점

1) 양극화는 1997년 외환위기에서 비롯되었는가?

먼저 경제 양극화의 역사적 기원을 살펴보자. 이와 관련하여 가장 널리 알려진 주장의 하나는 양극화가 1990년대 이래 급진전된 세계화와 정보화 등 경제 환경 변화의 불가피한 결과라는 것이다.[4] 중국 등 저임금 국가로의 아웃소싱 증가와 빠른 기술변화에 대한 적응력 차이 때문에 숙련노동과 비숙련노동 간의 임금격차가 확대되었다는 것이다. 이는 일리가 있는 주장이지만, 동일한 환경 변화를 겪으면서도 경제구조 및 제도와 정책의 차이에 따라 나라마다 양극화의 정도가 매우 다르게 나타났다는 점에 비추어 부분적인 설명밖에 되지 않는다.[5] 양극화의 기원에 관한 다른 하나의 유력한 주장은 바로 '외

---

4) 경제학 문헌에서 불평등 증가의 원인으로 가장 주목받은 것은 기술 변화이며(Card and Dinardo 2002; Autor, Katz, and Kearney, 2006), 세계화도 주요 원인으로 꼽힌다(Feenstra and Hanson, 1996).

5) 일찍이 Atkinson(2000)이 각국의 제도와 정책의 차이에 따라 양극화 현상이 차별적으로 나

환위기 기원론'이다.[6] 외환위기 이후 양극화가 극적으로 악화된 것은 분명한 사실이다. 또한 당시 추진한 신자유주의적 구조조정과 제도 개혁이 고용불안정 심화와 자영업의 과잉 팽창을 불러와 결과적으로 중산층 붕괴에 일조했고, 또한 비정규직과 성과보상제도의 확산, 그리고 대기업 임원들의 보수 폭증 등을 불러와 임금격차를 확대시켰다는 지적은 타당하다. 그럼에도 불구하고 양극화의 기원이 외환위기이며 외환위기 탓에 양극화가 발생했다는 주장에 동의하기는 어렵다.

양극화에 관한 대다수 논의가 마치 외환위기 이후에 양극화가 처음 등장한 것처럼 치부하고 있지만, 엄밀한 자료 분석은 다른 결과를 보여준다.[7] 필자는 과거에 도시근로자가구 소득의 불평등도를 측정한 GINI계수와 소득 양극화 정도를 수치화한 ER지수, 그리고 임금소득분배의 GINI계수와 격차 지수(P90/P10) 등 여러 분배 지표들의 시계열 자료를 대상으로 추세전환의 시점을 살펴보았다(유종일, 2011). 모든 지표들이 1980년대 초반의 높은 수준에서 1980년대 중반 이후 완만한 하락세를 보이다가 1990년대 초반 하락세가 멈추고 미약하나마 상승세로 반전하는 것이 확인되었다. GINI계수와 ER지수는 1993년에, 그리고 임금 GINI계수와 격차 지수는 1994년에 각각 최저점을 기록하였다. 편의상 GINI계수의 추이만 보자면 〈그림 1-1〉과 같다. 외환위기

타나는 것을 강조한 바 있으며, Krugman(2007)도 미국의 양극화는 세계화나 기술변화보다는 소수 부유층을 위한 정책을 편 정치적 변화에 의해 초래된 것임을 주장하고 있다.

6) 대표적인 예로 참여연대에서 '양극화와 시민사회의 대안전략: 시장, 비정규직, 노동연대'라는 주제로 2005년에 개최한 제46회 참여사회 포럼의 논의와 경제정의실천시민연합 산하 경제정의연구소가 '양극화, 진단과 처방'이라는 주제로 2006년에 개최한 제1회 경제정의포럼의 논의를 들 수 있다.

7) 예외적으로 유경준(2002)은 외환위기 이전부터 중산층 감소 추이가 나타났다는 것을 지적하였고, 전병유·김복순(2005)이 1990년대 이후 고용구조 양극화가 심화되었음을, 정이환(2013)은 1995년을 변곡점으로 임금불평등이 확대됨을 강조하였다.

〈그림 1-1〉 도시근로자가구 시장소득의 GINI계수 추이

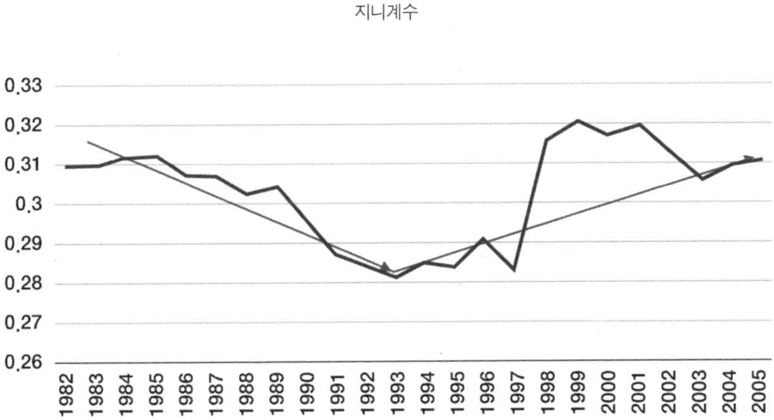

注: 현재 통계청은 가계동향조사에 입각해서 2인 이상 도시가구의 (가구원 수에 따라 소득을 조정한) 균등화 시장소득을 기준으로 GINI계수를 산정하나, 이는 1990년까지만 거슬러 올라가므로 80년대 이후의 추세 변화를 포착하기 위하여 통계청의 구자료를 사용하였음.

자료: 통계청 가계동향조사.

직후에 GINI계수가 급격히 상승한 것도 사실이지만, 1993년에 과거의 하락 추세가 반전하는 것을 볼 수 있고, 이러한 추세 반전이야말로 일시적 증가보다 더 근본적이고 중요한 현상이다. 회귀분석을 통해 보다 엄밀하게 추세 전환 시점을 추정한 결과는 1991년에서 1994년 사이에 양극화가 시작되었음을 보여준다.[8)]

---

8) 회귀분석의 방법은 다음과 같다. 양극화의 지표들을 X라고 하고 시간(t)을 독립변수로 놓고 추세를 검증한다. 추세는 선형 추세이며 1982년부터 2005년까지 사이에 추세가 한 번 변화했다는 가정 아래, 추세가 변화한 연도를 $t=\tau$라 하면, $X_t = \alpha + \beta_1 \min(t-\tau, 0) + \beta_2 t + D_t + \varepsilon_t$와 같은 회귀방정식을 설정할 수 있다. 여기서 α는 상수항, εt는 오차항이며, 설명변수는 시간의 흐름에 따른 추세를 나타내는 $\beta 1\min(t-\tau, 0) + \beta 2t$ 항과 외환위기라는 특수상황을 감안하기 위한 더미변수(dummy variable) Dt로 구성된다. (t = 1998, 1999, 2000이면 Dt = 1, 여타의 t에 대해서는 Dt = 0으로 놓는다.) 그러면 추세전환 시점인 τ에 이르기 전까지 매년 X의 증가 추세는 $\beta 1+\beta 2$이고, τ 이후의 추세는 $\beta 2$가 된다. τ를 1983, 1984, … , 2003까

양극화 경향이 시작된 시점이 외환위기 이전이라면, 양극화가 외환위기와 그에 따른 신자유주의적 구조조정과 제도 개혁만의 산물이라고 보는 것은 중대한 오류다. 물론 당시의 경기침체와 구조조정, 그리고 노동시장 유연화 등 제도 변화가 소득불평등을 크게 악화시켰다는 것은 주지의 사실이다. 그러나 양극화 경향이 그 전부터 나타났다는 것은 경기순환적 요인이나 미시제도적 요인 외에 또 다른 양극화의 요인이 존재한다는 것을 의미하며, 본고의 논지는 이러한 상황적 요인보다 더 근본적이고 구조적인 양극화의 요인이 1990년대 초부터 작용하고 있었다는 것이다. 이를 무시하고 외환위기의 영향에만 주목하는 시각은 자칫 '나무만 보고 숲을 보지 못하는 우'를 범하여 양극화의 원인과 해소 방법에 관해 그릇된 결론에 도달할 우려가 있다. 박정희 시대 이래의 관치 경제가 매우 성공적이었는데 신자유주의적 개혁이 양극화와 저성장을 초래하고 말았다는 일각의 주장이 대표적인 사례다.[9] 이러한 생각은 소위 '황금시대 증후군(Golden Age Syndrome)'의 발현이다. 김대중, 노무현 정부에서 심화된 양극화와 민생 악화 때문에 많은 사람들이 과거를 미화하면서 소위 '박정희 신드롬'에 빠졌던 것이다(유종일, 2011). 그 결과 박정희의 아바타처럼 등장한 이명박과 박정희의 친딸 박근혜가 차례로 대통령이 되었다. 하지만 한국 경제는 양극화 해소는 고사하고 성장 동력의 회복도 전혀 이루지 못했다.

지 차례로 설정하고 회귀분석을 실시한 후, 가장 설명력이 높은 τ를 선택하는 방법에 의해 추세전환 시점을 추정할 수 있다. 추정 결과 기업 규모별 임금격차, 학력별 임금격차, 성별 임금격차, 가계소득 GINI계수, 가계소득 ER지수, 가계소득 P90/P10지수, 임금소득 GINI계수 등 다양한 분배지표의 추세전환이 모두 1991~1994년 사이에 일어난 것으로 나타났다(유종일, 2011).

9) 특히 장하준 교수의 주장은 상당한 반향을 일으킨 바 있다(장하준·정승일, 2005).

2) '3저호황' 이후의 구조 변화와 양극화

1990년대 초반에 양극화 경향이 시작되기 전에 과연 무슨 일이 있었던 것일까? 1980년대 말 '3저호황'을 계기로 한국 경제에 구조적 변화가 발생했으며, 이러한 변화로 인해 성장에 따른 '낙수효과(trickle-down effect)'가 거의 사라지게 되었다. 그 결과, 통상 분배에 긍정적 영향을 미치는 호황이 끝나고 불황이 도래한 1990년대 초반부터는 분배의 악화가 시작되었다. 1980년대에 분배가 미약하나마 개선되던 추세가 반전된 것이다. 이렇게 낙수효과를 무력화시킨 구조적 변화의 핵심은 바로 성장과 고용 간의 관계가 변화한 것이다.

〈그림 1-2〉에서 보는 바와 같이 경제 전체의 고용탄성치가 1990년 이전에는 0.35 내외에서 움직이다가 그 이후에는 0.25 내외로 다소 하락한 수준에서 움직이게 되었다. 그런데 이렇게 경제 전체의 탄성치가 미미하게 하락한

〈그림 1-2〉 제조업과 서비스업 고용탄성치의 추이: 1985~2008

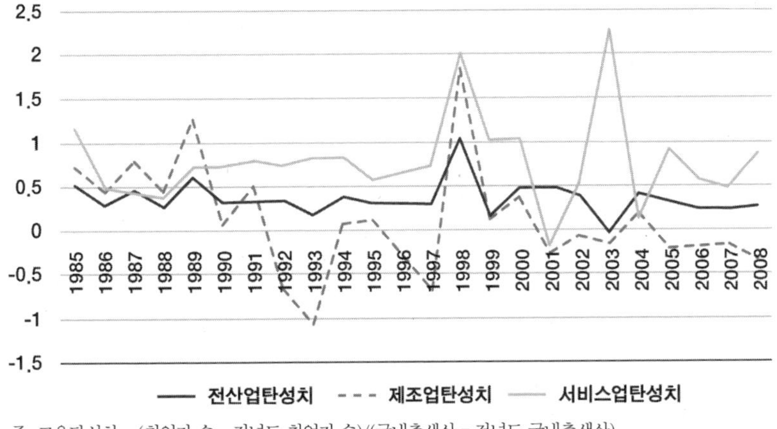

주: 고용탄성치 = (취업자 수 - 전년도 취업자 수)/(국내총생산 - 전년도 국내총생산)
자료: 한국은행이 발표하는 국민계정의 산업별 국내총생산과 통계청 경제활동인구조사의 산업별 고용 통계를 기초로 한 필자의 계산.

것보다 훨씬 급격하고 중요한 변화가 있었다. 제조업 분야의 고용탄성치는 1990년부터 급격한 하락을 하더니 1992년부터는 외환위기 직후의 예외적 시기를 제외하면 지금까지도 마이너스를 지속하고 있다. 제조업 생산이 증가하는데도 고용은 줄어드는 현상이 지속되어 제조업의 고용 비중은 물론 고용의 절대량까지 감소하게 되었다.[10] 반면에 1990년대 이전에는 제조업과 유사한 수준이었던 서비스업의 고용탄성치는 오히려 증가하였고, 이 때문에 경제 전체의 고용탄성치는 크게 변화하지 않았던 것이다. 고용탄성치의 하락은 곧 노동 생산성 증가율의 상승을 의미하는 것이기에, 제조업과 서비스업의 고용탄성치가 서로 다른 방향으로 변화한 것은 양자 간의 생산성 격차 확대를 수반했다. 결국 제조업의 고용 축소는 서비스업 분야 저임금 고용 확대와 맞물려 나타났다. 이렇게 해서, 수출주도형 성장을 추구한 한국 경제에서 수출 제조업체의 고용 확대라는 낙수효과의 핵심 기제가 사라지게 된 것이다.

이러한 성장과 고용 간 관계의 변화는 1980년대 말 한국 경제가 맞닥뜨린 역사적 전환점에서 이루어진 치명적인 선택의 결과였다. 경제적으로는 '3저호황' 시기에 노동시장이 포화 상태에 이르러 한국 경제에 만성적으로 존재하던 과잉인구가 고갈되었다. 〈그림 1-3〉은 1980년 이래 실업률의 추이를 보여주고 있는데, 4~5%에 이르던 실업률이 1987년부터 급락하여 1997년 외환위기가 닥칠 때가지 2%대에 머무른 것을 보여주고 있다. 이외에도 '3저호황' 시기에 뚜렷하게 나타난 농업 분야 취업자 비중의 하락과 여성의 경제활동 참가율 증가 등이 과잉인구 고갈을 시사하고 있다. 정치적으로도 1987년 '민주화'가 이루어지면서 군사독재 시절에 극도로 억압되었던 노동조합운동이 활성

10) 제조업의 고용 비중이 감소하는 탈산업화(de-industrialization) 현상은 경제발전단계 고도화의 자연스러운 결과이지만 한국의 경우에는 구미 선진국들과는 달리 제조업의 부가가치 생산 비중은 줄어들지 않으면서도 고용이 급격히 감소했다.

〈그림 1-3〉 실업률 추이: 1980~2008

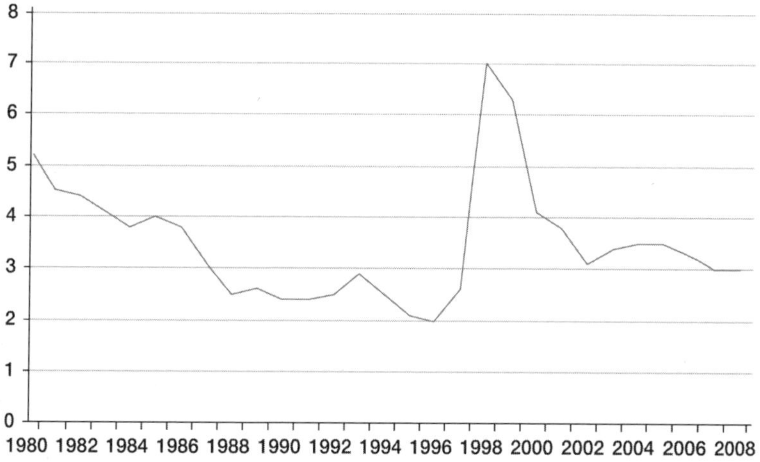

주: 통계청의 실업률 기준이 2005년부터 '구직기간 4주'로 변경되었으나, 여기서는 과거와의 일관된 비교를 위해 '구직기간 1주' 기준의 실업률 통계 사용.
자료: KLI 노동통계 Archive.

〈그림 1-4〉 기업 규모별 임금격차의 추이: 1982~2005

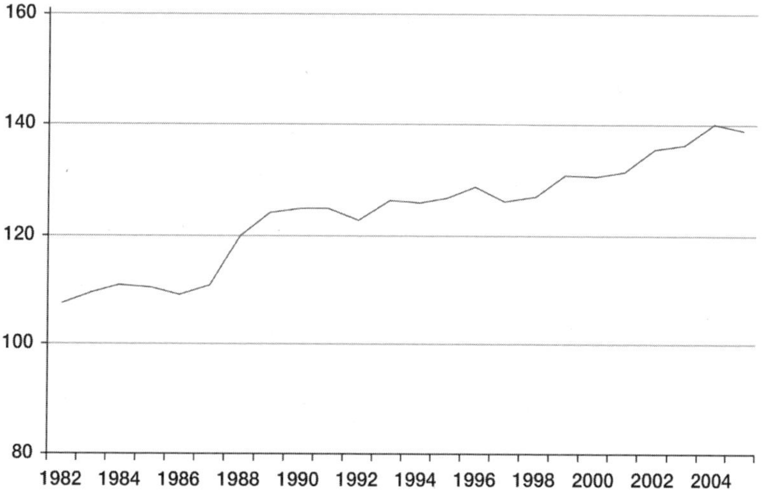

주: 기업 규모별 임금격차 = 100 × (종업원 300인 이상 기업의 평균임금 ÷ 종업원 300인 미만 기업의 평균임금)
자료: 한국노동연구원 노동통계의 기업 규모별 임금 통계를 기초로 한 필자의 계산.

화되었다. 이러한 경제적, 정치적 여건의 변화에 따라 지급 능력이 풍부한 수출 대기업을 중심으로 실질임금이 급상승하였고, 그 결과 대기업과 중소기업 사이의 임금격차가 크게 벌어지기 시작했다. 〈그림 1-4〉는 종업원 300인 이상의 대기업과 300인 미만의 중소기업 간 임금격차를 보여주고 있다. 1980년대에 110% 내외를 유지했으나, 민주화 이후 급상승하여 1988년에 120%를 기록하고, 1999년에 130%, 2003년에 140%, 근래에는 약 155%에 이르기까지 지속적으로 상승하였다.

임금 압력과 노사갈등에 직면한 한국 경제는 과거 풍부한 저임금 노동에 의존하던 성장 패턴에 변화가 불가피하게 되었고, 여기서 선택지는 두 가지가 존재했다. 바람직한 길은 노사 간의 타협과 협력을 기초로 기업은 기술 향상에, 노동은 숙련 향상에 투자하면서 생산성 향상과 임금 인상을 함께 이룩하는 '고급 성장의 길(high road)'이었다. 하지만 한국의 수출 대기업들은 다른 길, '저급 성장의 길(low road)'을 택하고 말았다.[11] 이들은 자동화 설비에 투자하여 고용을 축소하고 탈숙련을 추구했으며, 나아가 아웃소싱(outsourcing) 확대와 동남아를 중심으로 저임금 국가에 생산기지를 세우는 해외투자에 나서는 등 고용 회피 전략을 적극 구사했다. 근래에 비정규직에 대한 차별과 남용이 문제가 되고 이에 대한 대책이 강구되고 있지만, 정규직—비정규직 사이의 임금격차보다 대기업과 중소기업 간의 임금격차가 더욱 심각한 것이 한국 노동시장의 특성이다(정이환, 2013).

이와 같이 1980년대 말의 전환점에서 수출 대기업들이 고용 회피 전략을 선택한 것이 고용 문제와 불평등 문제가 악화된 결정적 계기였다. 이로써 대

---

11) 국제노동기구(ILO)를 중심으로 숙련과 생산성에 기초한 high-road 경쟁 전략과 비용 절감에 입각한 low-road 경쟁 전략에 관한 논의가 있어 왔다. 이러한 개념을 적용한 사례로 Milberg and Houston(2005) 참조.

기업의 좋은 일자리는 줄어들고, 제조업과 서비스업, 대기업과 중소기업, 정규직과 비정규직 간의 격차가 확대되는 악순환이 발생했다. 그리하여 노동시장의 이중구조화가 심화하였고, 성장의 낙수효과는 거의 사라졌다.

그렇다면 과연 전환기에 수출 대기업들이 고용 회피 전략을 선택한 배경은 무엇이었을까? 세 가지 정도 이유를 생각해 볼 수 있다. 첫째, 박정희 시대 이래 노동 억압 체제하에서 형성된 적대적 노사관계다. 새롭게 힘을 얻은 노동조합들은 매우 전투적이었고, 과거의 사고방식과 관행에 젖은 기업들은 노조를 골칫거리로 여기고 통제의 대상으로만 취급했다. 이런 상황에서 노사 협력에 입각한 '고급 성장의 길'은 선택하기 어려웠다. 둘째, 수출주도 산업화 과정에서 주요 부품소재를 수입하여 조립한 후 수출하는 조립형 생산 체제가 성립되었다. 조립형 산업에서는 설비투자와 자동화에 입각한 '규모의 경제' 실현과 현장 노동자의 숙련보다는 엔지니어 중심 공정 기술에 입각한 생산성 향상이 경쟁력의 기반이 되기 때문에, 장기 고용과 숙련 축적에 입각한 생산성 향상이라는 방식은 낯설었다(전병유·정준호, 2015). 흔히 외환위기 이전에는 평생 고용 관행이 만연하여 고용이 안정되어 있었다고 오해하기도 하지만, 이는 대기업 사무직 등 극히 일부에 해당하는 것이었고 한국 노동시장은 외환위기 이전에도 극히 유연한 시장이었다.[12] 셋째, 1980년대 후반부터 재벌에 의한 경제력 집중이 심화했다.[13] 금융자유화 정책에 따른 재벌들의 제2금융권

---

12) 박정희 시대 이래 우리나라의 근속연수는 매우 짧고 이직률은 매우 높았다(유종일, 1997). 외환위기 이전에도 기업들은 정리해고, 명예퇴직, 희망퇴직 등을 활발하게 추진했다(정이환, 2013).

13) 1980~2005년의 26년간 우리나라 광업·제조업의 시장집중도와 산업집중도는 장기적 하락 추세를 보인 반면, 일반 집중도는 1980년대 후반 이후 상승하는 양상을 나타냈다(이재형, 2008). 즉 좁게 정의된 시장 내지 산업을 대상으로 하였을 때는 한국 경제의 경쟁도가 제고되었다고 할 수 있으나, 소수 대기업의 국민경제적 영향력(이른바 경제력 집중)은 1980년대 말경부터 증가하였다는 것이다. 특히 이 일반 집중도가 대기업 각각의 개별 재무제표를

진출과 '3저호황'기의 수출 증대에 따른 이익 증가, 그리고 추진된 시장 자유화 정책 등을 배경으로 재벌 대기업들의 시장 지배력과 정치적 영향력이 커진 것이다.[14] 이로써 재벌 대기업이 불공정 하도급거래를 통해 하청기업을 착취하는 체제가 일반화되었고, 이는 또한 대기업의 고용 회피 전략에 매우 유용하게 활용되었다.

이와 같이 노동 탄압으로 인한 적대적 노사관계, 수출주도 산업화 과정에서 형성된 조립형 생산 체제, 재벌 중심 산업화 추진으로 인한 경제력 집중 등 박정희 시대에 형성된 경제발전 모형의 주요 특징들이 전환기의 선택을 '고급 성장'이 아닌 '저급 성장'으로 유도했던 것이다. 이러한 인식에서 필자는 외환위기 이후 박정희 모형에서 탈피하여 신자유주의를 추구한 것이 양극화의 기원이라는 견해를 거부하고, 오히려 양극화의 역사적 뿌리는 박정희 모형이라고 본다(유종일, 2011).

기준으로 작성된 것임을 감안할 때, 계열사를 모두 포함한 기업집단 단위로 측정한다면, 경제력 집중의 심화 경향은 더욱 뚜렷하게 나타날 것으로 추정된다.

14) 1992년 정주영의 대선 출마와 1994년 이건희의 북경 발언 등 정치권력에 대한 도전은 재벌의 영향력 강화를 상징하는 사건이었다. 1990년대에 들어서서 본격적으로 정책금융과 산업정책을 폐기하는 등 시장 자유화 정책이 추진되어 과거의 국가 통제는 약화되는데, 이미 시장에서 지배적 위치를 구축한 재벌들에 대한 시장 규율은 제대로 부과되지 않았기 때문에 이들의 문어발식 확장과 규모 확대 경쟁에 고삐가 풀렸다. 성급한 자본자유화와 더불어 과잉투자와 대규모 기업 부실이 발생하고, 결국 1997년에 외환위기가 발발했다.

3. 성장체제론의 시각에서 본 한국 경제

1) 박정희식 요소 투입형 추격 성장체제

한국 경제가 당면한 성장과 분배의 문제를 총체적으로 이해하고 양극화의 구조적 원인을 정확하게 파악하기 위해서는 성장체제론의 시각에서 한국 경제를 진단해 볼 필요가 있다. 먼저 성장체제란 인구 증가, 자본축적, 기술 발전 등 생산 확대 양식(공급 측면)과 분배, 소비, 신용 등 순환 양식(수요 측면)이 상호 양립 가능하게 형성되어 일정한 성장 패턴을 이루는 것을 의미한다. 통합성장이론(Unified Growth Theory)은 성장체제의 3단계를 정체 상태가 유지되는 맬서스 체제, 자본축적과 인구 증가가 경제성장을 주도하는 요소 투입형 성장이 나타나는 전환 체제, 그리고 인적자본에 대한 수요의 증가와 인구 증가 하락(demographic transition)이 맞물려서 인적자본과 지적자본이 성장을 주도하며 지속적인 일인당 소득의 증가가 실현되는 지속성장체제로 구분한다.[15] 후발국의 경우에는 선진국 기술 따라잡기(catching-up)를 통하여 전환 체제 시기에도 고도성장을 달성할 수 있다. 필자는 이러한 성장체제를 '요소 투입형 추격 성장체제'라 부른다. 그러나 손쉬운 추격의 단계가 지나면, 두 번째 성장체제의 전환으로 '혁신 주도형 지속성장체제'를 이룩해야만 지속성장이 가능하다(Aghion and Howitt, 2005). 박정희 시대에 형성된 성장체제는

---

15) 통합성장이론은 Galor and Weil(2000), Galor(2005) 등 참조. 여기서 말하는 전환 체제와 지속성장체제는 각각 하야미가 제안한 Marx형 성장과 Kuznets형 성장과 유사하다(Hayami, 2007). 통합성장이론은 수요 측면은 무시한 채 공급 측면에만 초점을 맞추고 있으나, 레귤라시옹(조절) 학파의 축적체제론에서는 상품의 생산과 순환 및 소비와 분배를 조절하는 제도들의 상호보완적 집합체로서의 조절양식(mode of regulation)을 총체적으로 고려한다.

요소 투입형 추격 성장체제의 일종으로 '3저호황' 이후 한계에 달했지만, 혁신 주도형 지속성장체제로의 전환이 지지부진한 탓에 한국 경제가 곤란을 겪게 되었다.16)

박정희 시대에 형성된 성장체제는 네 가지 기둥에 입각해 있었다(유종일, 2017). 첫째, 정부가 '경제개발5개년계획'을 세우고 대통령이 '수출진흥확대회의'를 주재하는 등의 국가 주도 성장전략이다. 정부가 시중은행을 소유하고 금융 자원을 통제하여 정책 목표에 따라 자원을 배분하는 소위 '관치금융'이 핵심적인 정책 수단으로 활용되었고, 특정 대기업에게 특정 산업 분야를 책임지도록 하여 효율적이고 빠른 산업화를 달성한다는 '선택과 집중' 원칙하에서 정부의 특혜성 지원을 바탕으로 재벌이 급성장했다. 둘째, 자본을 우대하고 노동을 억압하는 정책을 추진함으로써 이윤을 확대하고 투자율을 제고하여 자본축적의 극대화를 추구했다. 인구과잉, 자본 부족 상황에서 이는 효과적인 성장전략이었다. 셋째, '후발국의 이익(advantage of backwardness)'을 최대한 향유하면서 선진기술을 모방, 습득하고 응용을 통해 선진기술 따라잡기를 추구했다. 넷째, 내수보다 해외시장을 중시하는 수출주도 산업화 전략을 채택했고, 이에 따라 당시의 비교우위 여건상 노동집약적인 조립형 산업 체제가 형성되었다.17)

---

16) 이 전환을 이루지 못하면 성장이 급격히 둔화되어 소위 '중진국 함정'에 빠지게 된다. 소득수준만 놓고 보면 한국이 선진국이 되었다고도 할 수 있다. 하지만 이는 OECD 국가 중 노동시간이 압도적으로 길기 때문이며, 생산성 면에서는 선진국이라고 부르기 어렵다. 중진국 함정에 의해 선진국을 향한 발걸음이 상당히 지체된 것만은 분명하다.

17) 박정희 모형의 네 기둥은 서로 맞물려 있었다. 투자의 증대는 곧 자본재 수입의 증대를 의미했기 때문에 자본축적 극대화를 뒷받침하기 위해서는 수입에 필요한 외화를 벌어야 했고, 박정희 정부가 수출을 강조한 근본적 이유는 이것이었다(Rodrik, 1995). 그리고 노동 억압과 임금 억제 정책으로 내수시장이 제한되었기 때문에 수출이 더욱 중시되었다. 수출주도 전략은 선진기술 따라잡기 전략과 맞물려 있었다. 수출주도 전략을 통해 선진국 시장과

박정희식 성장체제는 '한강의 기적'이라고 불리는 급속한 산업화와 고도성장을 이뤄냈다. 생산가능인구와 고용의 빠른 확대, 그리고 급속한 자본축적에 기초한 요소 투입형 성장체제였지만, 선진기술의 도입에 의한 기술 발전이 또한 빠르게 진행되었기 때문이다. 당시의 여건에 비추어 국가 주도와 수출 주도의 산업화 전략도 기본적으로 적합한 것이었다. 물론 박정희식 성장체제의 부작용도 간과할 수는 없다. 과도한 성장 추구가 경상수지 적자나 인플레이션 등 거시경제적 불균형을 야기했으며, 해외시장과 해외 자금에 대한 의존도가 높아져 해외충격에 취약해졌고, 정부 주도 산업화 과정에서 관치금융과 재벌체제가 형성된 것 등이다.

분배 면에서는 성과가 더욱 복합적이어서 분배의 개선과 악화가 반복되었다. 노동집약적 수출산업을 중심으로 급속한 고용 창출이 이루어짐으로써 성장의 과실이 널리 퍼지는 낙수효과를 발휘한 측면과 더불어, 자본을 우대하고 노동을 억압하면서 자본축적 극대화를 추구한 결과 분배가 악화되는 측면도 존재했다. 또한 부동산 가격의 폭등으로 자산 분배의 불평등이 급속하게 증가하기도 했다. 낙수효과가 상대적으로 강했던 1960년대와 1980년대에는 분배가 개선된 반면, 1970년대에는 불평등 증대 효과가 더욱 강력하게 작용했다.[18] 세계은행 등 일각에서 말하는 '동반성장'은 과도한 장밋빛 평가다.[19]

접촉면을 확대함으로써 선진기술 모방을 촉진한 것이다. 일례로 OEM 수출은 기술이전의 효과적인 방법이었다. 이 모든 것을 국가 주도로 추진해 나갔다.

18) 1960년대의 분배 개선과 1970년대의 분배 악화에 대한 실증적 분석은 Choo(1985) 참조. 1970년대에는 가용자원을 상대적으로 자본집약적인 중화학공업에 집중 투입함에 따라 재벌은 고속 성장을 하였지만 수혜 계층의 폭은 한정되었다. 투자 재원 확대를 위해 인플레에 의한 강제저축이 이루어짐으로써 성장의 혜택이 반감되었고, 부동산 값이 폭등하면서 자산 분배의 불평등이 심화되었다. 불평등 확대를 비판하는 이들에게 정부는 노골적으로 "선성장, 후분배"를 정책 방향으로 내세웠다.

19) World Bank(1993)는 한국 등 동아시아의 경제성장을 동반성장으로 평가하였으나, 필자는

2) 성장체제 전환의 지체와 과잉축적

박정희식 요소 투입형 추격 성장체제는 1960년대부터 시작해서 1980년대 말 '3저호황'에 이르기까지 두 자릿수 성장률을 가져다주었다. 하지만 그 이후 성장률은 속절없이 하락을 거듭하였다. 1990년대 7%대에서 2000년대 5% 그리고 2010년대에는 3%대로 주저앉았고, 최근 수년간은 2%대를 넘지 못하고 있다. 물론 경제가 성숙해지는 과정에서 일정한 성장 둔화는 불가피하다. 문제는 너무 일찍 너무 심하게 성장 동력이 쇠퇴하고 있다는 것이다. 필자는 이를 한국 경제의 '조로증'이라고 진단한다(유종일, 2017). 그 근거 중의 하나는 잠재성장률보다 실제 성장률이 더 낮은 상황이 반복되고 있으며, 이에 따라 잠재성장률 전망치도 자꾸 하향 조정되고 있다는 사실이다.[20] 다른 하나는 개도국의 소득수준이 선진국 수준에 점차 근접한다는 '수렴가설'에 입각해서 한국과 미국의 일인당 국민소득을 비교해 보면 드러나는 사실이다. 〈그림 1-5〉에서 보는 바와 같이, 1990년대 중반까지는 빠르게 수렴하여 미국의 약 45% 수준까지 쫓아갔는데, 그 이후 미국과의 상대적 격차가 거의 줄어들지 않고 있다는 것이다. 1961년에 한국의 국민소득은 미국의 1/30이 채 안 되는 3.1%에 불과했는데 1976년에는 1/10 가까운 9.6%에 이르렀고, 1996년에는 1/2에 다가가는 43.7%까지 따라갔다. 이때까지는 수렴가설에 부합하여 한국의 소득수준이 빠르고도 지속적으로 미국 수준에 접근해 갔다. 그러나 그 후 20년이 지난

분배의 양상이 그렇게 단순하지 않았음을 보여준 바 있다(You, 1998).

20) 일례로 KDI는 2007년 추계에서 2010년대의 잠재성장률을 4.0%로 전망했으나, 2013년에는 이를 3.8%로 하향조정했으며, 2011~2015년 사이에 3.1%의 실제 성장률은 불과 3.1%에 그쳤고, 그 후 KDI는 2016년에 2016~2020년까지의 잠재성장률을 3.0%로 다시 낮추어 잡은 바 있다.

〈그림 1-5〉 미국 대비 한국의 일인당 국민소득 추이

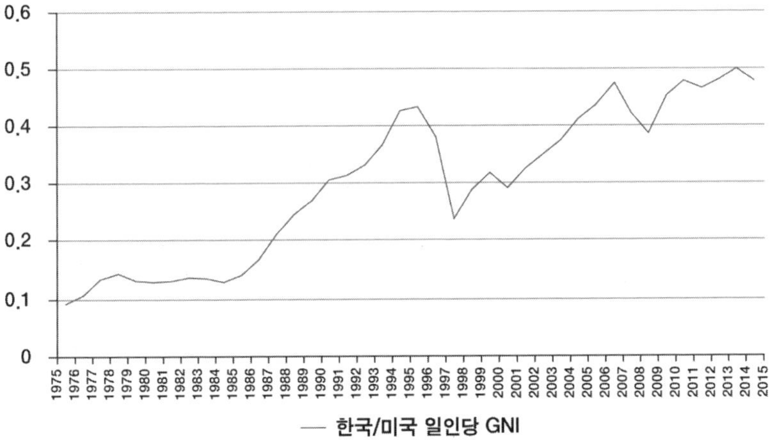

자료: World Bank Open Data의 경상 달러 기준 GNI 통계를 기초로 한 필자의 계산.

2015년에는 한국이 일인당 소득이 미국의 48.5%로서 여전히 1/2을 밑도는 수준에 머무르고 있다.

조로증의 핵심적인 증상은 노동에 비해 자본이 과도하게 많은 과잉축적이다. 자본축적을 극대화하는 성장체제가 장시간 작동한 결과 '3저호황' 시기에 이르러 인구과잉 시대가 끝나고, 이후 자본 과잉 시대가 도래한 것이다. 과잉축적은 자본을 우대하고 노동을 억압한 정책의 필연적 귀결이었다. 한국은 선진국 근처에 가기도 전부터 세계에서 가장 낮은 출산율과 가장 빠른 노령화를 겪게 되었고, 반면 높은 투자율에 힘입어 자본축적은 급속도로 진행되었다. 과잉축적은 한국 경제의 활력을 죽이고 분배를 악화시키는 근본 원인이다. 과잉축적으로 자본의 생산성이 낮아진 탓에 추가적인 자본축적에 입각한 성장은 점점 효과가 감소하게 되었다.[21] 이러한 사실은 〈그림 1-6〉에서 보는

21) 과잉축적이란 노동에 비해 자본이 과도하게 많아 자본의 생산성이 낮은 상황을 의미한다.

〈그림 1-6〉 우리나라의 자본—소득 비율 추이: 1970~2012

(자본스톡/GDP, 배, 명목기준)

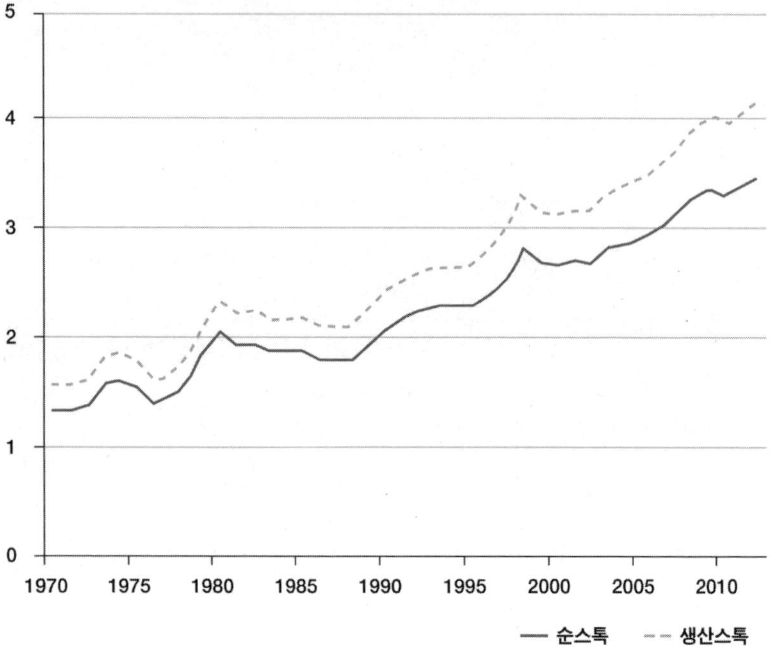

주: 순자본 스톡은 생산자본 스톡에서 재고자산을 제외하고 건물, 설비, 지적재산생산물 등을 합한 고정자산을 말함.

자료: 한국은행, 국민대차대조표, 2014.

바와 같이 우리나라의 자본—소득 비율이 1970년 GDP의 1.3 수준에서 2012년 3.5 수준까지 꾸준하면서도 급격하게 상승한 데서 알 수 있다. 이 비율의 상승은 곧 자본 한 단위가 생산하는 소득의 양이 적어진다는 것을 의미한

적은 양의 자본에 많은 노동이 달라붙어 일할 때에 비해 많은 양의 자본에 적은 노동이 달라붙어 일하는 경우에 자본 한 단위의 생산량이 낮은 것은 당연한 일이다. 동일한 원리를 경제성장의 관점에서 본 것이 '수확체감의 법칙(Law of Diminishing Returns)'이다. 자본이 부족할 때는 자본을 조금만 축적해도 생산을 크게 증가시키지만, 자본이 풍부해질수록 그러한 효과는 작아진다는 것이다. 예를 들어, 경부고속도로를 처음 건설했을 때는 물류 개선에 의한 생산증가 효과가 컸지만 최근 건설한 고속도로들은 그런 효과가 미미하다.

다.[22] 또한 자본은 국부의 큰 부분을 차지하므로 높은 자본—소득 비율은 높은 피케티 비율, 즉 국부—소득 비율에도 영향을 미친다.[23] 높은 피케티 비율은 피케티(Thomas Piketty)가 강조하듯이 소득불평등을 악화시키는 요인이 된다(유종일, 2015).

물론 자본축적 자체가 나쁜 것은 결코 아니다. 당연히 자본은 많을수록 좋다. 문제는 과잉축적으로 자본의 생산성이 낮아지는, 즉 자본—소득 비율이 올라가는 것이다. 과잉축적은 단순히 인구에 비해 자본이 많이 축적되었다는 것이 아니라, 인구 대비 자본축적의 정도에 걸맞은 기술 진보와 생산성 향상이 이루어지지 못했다는 것이다. 사실 한국의 자본—소득 비율이 구미 선진국보다 높은 것이 한국의 인구 대비 자본축적 정도가 더 높아서는 아니다. 기술 수준 혹은 총요소생산성이 낮아서 자본의 생산성이 낮은 것이고, 같은 이유로 노동 생산성도 구미 선진국에 비해 절반이 채 되지 않는다. 따라서 문제의 핵심은 생산성 증가라고 할 수 있다. 그런데 '3저호황' 이후 과잉축적 문제가 대두할 즈음 이 부분에서도 어려움이 발생했다. 산업화가 어느 정도 완성

---

22) 한국은행 국부통계에서 생산자본은 생산에 투입한 자본이 아니라 생산된 자본을 의미하는 것이므로 이를 사용해 계산한 자본—소득 비율이 정확하게 자본생산성의 역이라고 할 수는 없다. 생산에 투입된 자본은 생산된 순자본에서 주거용 건물을 제외하고 대신 공장, 사무실, 사회간접자본 등의 부지를 추가하여야 하는데, 서로 상쇄되고 나면 큰 차이는 나지 않을 것으로 보인다.

23) 국부는 〈그림 1-6〉의 주에서 설명한 생산자본 스톡과 토지, 지하자원, 산림자원 등 비생산자산을 포괄한다. 선진국을 대상으로 국부/소득 비율을 평가한 결과 미국 4.45, 영국 4.92, 캐나다 5.03, 독일 5.67로서 국부가 국민소득의 4.5~6배 수준이고, 이 비율이 가장 높은 경우에는 호주 7.07, 프랑스 7.34, 일본 7.95로서 약 7~8배에 이른다. 한국의 경우 한국은행 자료에 의하면 2012년에 이 비율이 무려 9.45였고, 국부에서 정부의 순자산을 뺀 민간부를 기준으로 해도 7.02라는 높은 수준을 나타냈다(주상영, 2015). 한국의 피케티 비율이 이렇게까지 높은 데에는 높은 토지 가격의 영향이 있다. 이 때문에 한국의 피케티 비율이 프랑스, 일본, 호주 등에 비해 약 1.5배 정도 높아진다. 하지만 이를 감안하고 비교하더라도 한국의 피케티 비율은 여전히 가장 높은 편이다.

되고 모방이 쉬운 기술은 거의 습득을 마쳤기 때문에, 선진기술 따라잡기에 입각해서 손쉽게 기술 진보와 생산성 향상을 이루기가 점차 어려워졌다. 내생적으로 혁신을 이루어 내는 일은 선진기술의 모방, 습득과 응용에 비해 훨씬 어려운 과제였다.

한국 경제가 과잉축적 상태에 빠진 것은 한편으로는 과잉인구의 고갈이 있었고 다른 한편으로는 충분한 생산성 증가로 이를 극복하지 못했기 때문이다. 이는 곧 통합성장이론이 말하는 두 번째 전환을 제때에 이루지 못했다는 뜻이다. 이 전환은 주된 성장 동력을 요소 투입, 자본축적에서 혁신 주도로 바꾸는 것이다.[24] 노동 억압에 기초한 자본축적 극대화 전략에서 벗어나 복지를 중시하고 인적자본과 지식 자본을 우선하는 사람 중심 전략으로 전환하는 것이다. 이는 또한 수출주도 성장전략에서 해외시장과 내수시장의 균형적 확대로의 전환을 수반하는 것이다. 그리고 무엇보다 선진기술의 모방과 습득을 넘어서서 내생적 혁신 역량을 구축하는 것이다. 이를 위해 주입식, 습득형 교육에서 토론식, 창의형 교육으로의 전환, 그리고 연구개발 시스템도 목전의 이익만을 좇아 응용연구에 치중하는 풍토에서 장기적이고 근본적인 연구를 고취하는 풍토로의 전환이 필요했다. 산업정책과 기술개발정책에서 '선택과 집중'이 아닌 '백화제방'과 '백가쟁명'으로의 방향 전환이 필요 했다(송위진 등, 2006). 이는 곧 정부 주도 산업정책과 관치금융의 유습을 청산하고 시장기능을 활성화하는 것을 의미하며, 또한 재벌의 산업 지배를 타파하고 공정한 경쟁질서를 확립하며 중소기업과 혁신적 창업을 활성화하는 것을 의미한다. 한마디로 박정희식 성장체제를 송두리째 뒤집어엎는 대전환이 요구되었던 것

24) 요소 투입 증가는 노동력 증대와 자본축적에 의해 이루어지는데, 과잉인구가 고갈되고 인구성장률이 하락함에 따라 요소 투입 증가는 실질적으로 자본축적을 의미하게 되었다.

이다. 그러나 과거로부터 이어지는 사고방식과 관행, 제도와 정책, 그리고 재벌과 관료 등 기득권이 이러한 대전환을 가로막았으며, 많은 국민이 '박정희 신화'라는 '성공의 함정'에 빠져 변화를 거부했다. 그 결과 전환은 매우 더디게 진전되었고 때로는 강력한 반동의 힘에 가로막히면서 지체되고 말았다.

성장체제 전환이 지체됨으로써 성장 동력이 쇠퇴하는 가운데, 정부는 근본적 문제를 해결하기보다는 단기적인 부양책을 일삼았고 이는 더 큰 화를 자초하기 일쑤였다. 1990년대 이후 한국 경제가 걸어온 길을 간단히 요약하면 다음과 같다. 1990년대 전반에는 부양책과 자본자유화 등으로 과잉투자가 일어났고 이는 결국 1997년 외환위기를 낳고 말았다. 이후 한국 경제는 글로벌 경제위기까지 제2의 수출주도 성장을 하면서, 내수는 갈수록 취약해졌으며 대외의존도는 극도로 심화되었다. 구조개혁은 미룬 채 내수를 부양하려는 정책은 2003년 카드채 위기와 그 이후 지금까지 계속되고 있는 가계부채 폭등을 불러옴으로써 일시적 성공에 비해 훨씬 큰 대가를 치르게 되었다.

1990년대 이래 다양한 경제개혁이 추진되었지만 방향을 잘못 잡거나 실행이 미흡했다. 관치 경제를 청산하고 시장기능을 활성화하는 것은 자유화 조치와 함께 재벌개혁 등 공정한 경쟁을 담보하기 위한 조치와 사회안전망의 강화가 수반되어야 하는 것인데, 자유화만 앞서가고 보완적 조치는 미흡했다. 과잉축적은 혁신이 부진한 탓인데, 역대 정부는 항상 투자 부진을 문제의 근원으로 진단하고 법인세 인하나 규제완화 또는 노동시장유연화 등 자본을 더욱 우대함으로써 투자를 늘리려는 정책을 취함으로써 과잉축적 문제는 오히려 심화했다.[25] 혁신 주도, 지식경제, 창조경제 등 온갖 좋은 얘기들을 했지

25) 반면 노동시장 유연화로 포장된 노동 억압 정책은 극단적 저출산과 인구절벽을 초래하여 자본 과잉 문제를 더욱 악화시키고 있다. 우리나라는 세계은행의 '기업하기 좋은 나라 지수(Doing Business Index)'에서 2017년 190개국 가운데 4위를 차지하는 등 세계 최상위권에

만, 교육개혁은 서열화에 막혔고 연구개발은 '선택과 집중'에 입각한 따라잡기 방식에 매몰되어 진전이 더디었다. 박정희식 성장체제의 최대 수혜자이며 따라잡기 성장 방식을 체화하고 있는 재벌은 내생적 혁신의 최대 걸림돌이 되고 있다.[26)]

4. 성장체제 전환의 지체와 양극화

1) 자본소득과 양극화

위에서 살펴본 성장체제 전환의 지체는 성장 동력의 급격한 쇠퇴를 초래했을 뿐만 아니라 분배의 양극화에도 중대한 영향을 미쳤다. 과잉축적과 성장률 하락은 전체 소득에서 자본소득이 차지하는 비중, 즉 자본소득 분배율의 증가를 초래함으로써 양극화를 심화시켰다. 이는 또한 사회적 이동성의 하락을 초래하였다.

소득불평등을 논할 때 노동소득이 전체 소득에서 차지하는 비중이 자본소

드는데, 국제노동조합총연맹(International Trade Union Confederation)이 세계 139개국의 노동권 현황을 조사해 발표하는 세계노동자권리지수(Global Rights Index)에는 2014년 이래 줄곧 최하위 5등급으로 분류돼 있다.

26) 따라잡기 전략으로 성장한 재벌 기업들은 좀처럼 이 전략에서 탈피하지 못하고 있다. 재벌은 우리나라 R&D를 주도하지만 항상 근시안적이고 실용적인 연구에만 집착하고, 장기적이고 근본적인 연구나 모험적인 연구에 투자하지 않는다. 가장 앞선 기업이라는 삼성전자의 경우도 스스로를 fast-follower로 인식하고, 남보다 앞서 신기술 개발에 투자하는 모험을 피하는 경향이 있다. 재벌은 고급 자원을 독점하고, 산업생태계를 지배함으로써 혁신적인 중소·벤처기업의 성장을 가로막는다. 자수성가한 부자가 드물고 상속 부자가 부를 대부분 차지함으로써 기업가정신이 쇠퇴하는 문제도 상당 부분 재벌 문제에서 비롯되고 있다.

득의 비중보다 훨씬 크다는 이유로 노동소득에만 집중하는 경우가 많다. 하지만 자본소득은 노동소득보다 훨씬 더 불평등하게 분배되기 때문에 소득불평등을 분석할 때 결코 간과되어서는 안 된다.[27] 더구나 근래에는 자본소득 분배율이 크게 증가하고 있어서 자본소득의 영향이 더욱 커졌다. 이는 성장체제 전환의 지체로 인한 과잉축적과 성장률 하락의 결과다. 피케티가 지적한 바와 같이 이러한 현상은 미국, 일본, 독일, 스웨덴 등의 선진국에서도 일어났으나, 〈그림 1-7〉에서 보는 것처럼 한국의 노동소득 분배율 하락, 즉 자본소득 분배율 상승은 이들의 경우에 비해 더욱 심각하다(주상영, 2015).

자본소득은 불평등 문제에서 중요하지 않다거나 한국에는 피케티의 분석이 적용되지 않는다는 견해는 적절하지 않은 통계를 사용하여 얻은 매우 잘못된 결론이다.[28] 물론 노동소득이 높은 가구가 자본소득은 낮고 노동소득이 낮은 가구가 자본소득은 높다면 기능적 분배의 변화가 소득불평등에 별다른

---

27) 자본소득의 원천이 되는 순자산의 분배는 소득분배보다 훨씬 불평등하다. 2015년 우리나라 전체 가구 순자산의 GINI계수는 0.614로 소득의 GINI계수에 비해 월등히 컸다. 가처분소득의 경우 상위 10%가 전체의 29.1%를 차지한 반면, 순자산은 상위 10%가 전체의 43.7%를 차지했다. 그런데 우리나라 가계 자산의 대부분은 주택이고 또 그 많은 부분은 임대소득을 발생시키지 않는 자가 보유 주택이다. 따라서 자산소득의 분배는 더욱 극단적으로 불평등하다. 일례로 2008년 재정 패널 자료에서는 상위 10%의 자산소득 점유율이 100%에 달했고, 2014년 자산소득 GINI계수는 무려 0.953이었다(이우진, 2016). 통계청의 가계동향자료를 이용한 추정에서는 2008년의 재산소득 GINI계수가 0.80으로 나타났다(강신욱·김현경, 2016). 2014년 최재성 의원이 국세청으로부터 받은 '2012년 배당소득·이자소득 100분위 자료'에 따르면 배당소득의 경우 최상위 1%와 10%가 각각 전체 배당소득의 72.1%와 93.5%를 가져가는 것으로 나타났으며, 이자소득의 경우에도 최상위 1%와 10%의 몫이 각각 44.8%와 90.6%로서 극단적으로 높은 집중도를 나타냈다.

28) 이러한 견해의 대표적 사례로 장하성(2014, 2015) 참조. 이 주장의 근거인 통계청의 가계금융복지조사에는 기업의 자본소득 중 배당되지 않은 부분이 완전히 빠져 있고 개인의 자본소득 중에서도 많은 부분이 제외되어 있어 전체 소득에서 자본소득이 차지하는 비중이 형편없이 작게 나타난다(김진방, 2016). 물론 기업은 궁극적으로 개인들이 소유하고 따라서 기업의 자본소득도 개인들에게 귀속된다.

〈그림 1-7〉 한국, 미국, 일본, 독일, 스웨덴의 노동소득 분배율 추이: 1995~2011

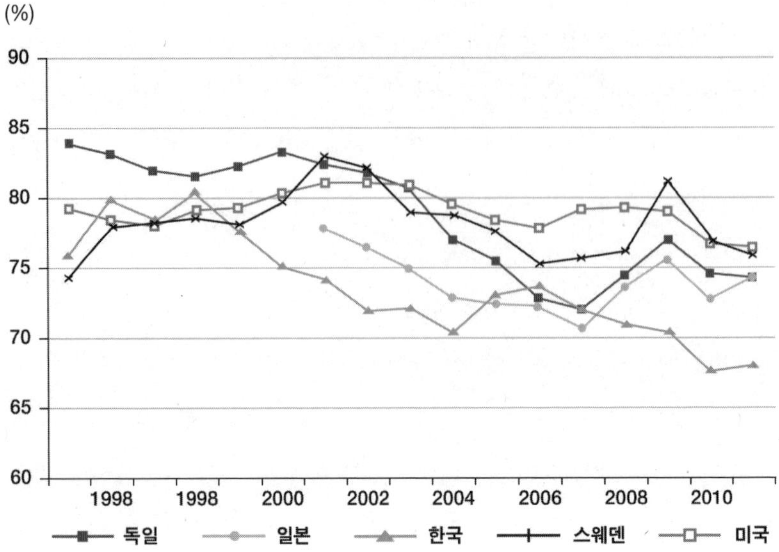

자료: 주상영(2015).

영향을 미치지 않을 수도 있다. 그러나 이는 이론적 가능성일 따름이고 현실은 아니다. 현실에서는 세계 어느 나라에서도 자본소득 분배율의 증가는 가구별 소득불평등의 증가를 초래한다. 노동소득이 높은 가구가 자본소득도 높은 경우가 많이 있기도 하거니와, 자본소득의 분배가 극도로 편중되어 있기 때문이다.

실제로 김낙년(2014)이 소득세 자료를 이용해 추정한 상위 1% 소득집중도의 추이를 보면 한국에서 자본소득 분배율이 증가하는 시기에 자본소득의 소득불평등에 대한 영향이 증가하고 있음을 보여준다. 상위 1% 소득집중도가 근로소득의 경우에는 외환위기 이전에 5% 정도에서 2010년 7.4% 정도로 증가했고, 전체 소득의 경우에는 7% 정도에서 11.8% 정도까지 증가했다. 근로

〈그림 1-8〉 자료별 상위 1% 및 10% 소득집중도의 추이: 2007~2016 (단위: %)

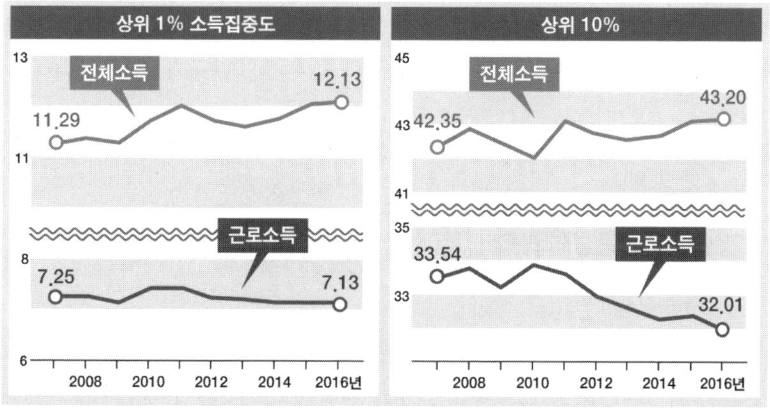

자료: 김낙년(2018), 낙성대경제연구소.

소득보다 전체 소득의 집중도가 더 빨리 증가했다는 사실은 자본소득의 역할이 점점 더 중요해지고 있다는 점을 말해주고 있다. 2010년 이후 최근의 추이는 자본소득의 역할을 더욱 극적으로 보여준다. 김낙년(2018)의 추정에 의하면 〈그림 1-8〉에서 보는 바와 같이 2010년 이후에는 근로소득의 집중도는 완만하게 하락하였음에도 불구하고 전체 소득의 집중도는 뚜렷한 상승세를 유지했다. 상위 1%의 집중도나 10%의 집중도나 모두 유사한 패턴을 보였다. 이는 자본소득 분배율의 상승과 자본소득의 불평등 심화에 의하지 않고는 일어날 수 없는 일이다.

자본소득 불평등과 관련하여 우리나라에서는 특히 부동산의 역할이 중요하다. 소득 대비 주택의 가격이 지나치게 높아진 것이 불평등을 악화시킨 중요한 요인이다. 주택보유자는 주택 가격 상승에 따른 막대한 자본이득을 향유했으며, 주거비 부담이 늘어난 비보유자와의 사이에 소비 여력의 격차가 확대되었다. 그리고 '조물주 위에 건물주'라는 유행어에서도 알 수 있듯이 거주

용 주택 외에 상업용 부동산도 자본소득 불평등의 중요한 요인이 되고 있다. 한 연구에 의하면 매년 발생하는 부동산소득의 규모가 무려 GDP의 30% 가까이 된다고 한다.[29] 부동산 소유가 극도로 불평등하다는 사실에 비추어[30], 부동산 소유가 소득불평등을 낳는 중요한 원인이라는 것을 알 수 있다.

2) 사회적 이동성의 하락

자본소득의 불평등은 단순히 전반적인 소득불평등의 증가뿐만 아니라 사회적 이동성의 하락 혹은 기회의 불평등 증가를 초래한다. 피케티가 『21세기 자본』에서 설파한 핵심 논리가 바로 이것이다. 그는 자본수익률이 경제성장률을 초과하는 상태가 지속되면 자본—소득 비율과 자본소득 분배율이 상승하고, 결국 상속 부자가 자수성가하는 사람보다 더 많은 부와 특권을 누리는 '세습 자본주의(patrimonial capitalism)' 사회가 도래한다고 경고한다(유종일, 2015). 과거로부터 물려받은 자본이 현재에 생산하는 소득에 비해 클수록 과거의 유산이 현재의 노력을 압도하게 된다는 논리다. 그는 역사적으로 이런 상황이 일반적이었으며 예외적으로 낮은 자본수익률과 예외적으로 높은 성장률을 시현한 20세기의 일부 기간만이 예외였다고 한다. 김희삼(2014, 2015)은 일련

---

29) '토지+자유 연구소'의 추정에 의하면, 2007년부터 2015년까지 부동산 거래에서 발생한 매매차익 규모는 매년 200~300조 원에 이르며, 추가적으로 순임대소득의 규모는 연평균 100조 원을 상회한다. 부동산소득이 연평균 369조 원, GDP 대비 무려 28.5%나 되었다는 것이다(남기업, 2016).

30) 먼저 개인의 부동산 소유 불평등을 보면, 무주택가구가 44.0%(2015년 현재)에 이르고 인구의 1%가 민유지의 55.2%를 인구의 10%가 97.6%를 소유하고 있다. 법인의 부동산 소유는 이보다도 불평등하다. 2014년 현재 상위 1%의 법인이 전체 기업이 소유한 부동산의 76.2%(가액기준)를, 상위 10대 기업이 무려 35.3%를 소유하고 있으며, 이렇게 극단적인 소유의 편중이 더욱 악화하는 추세가 계속되고 있다(남기업, 2016).

〈그림 1-9〉 교육 수준과 사회경제적 지위의 세대 간 상관계수 추이

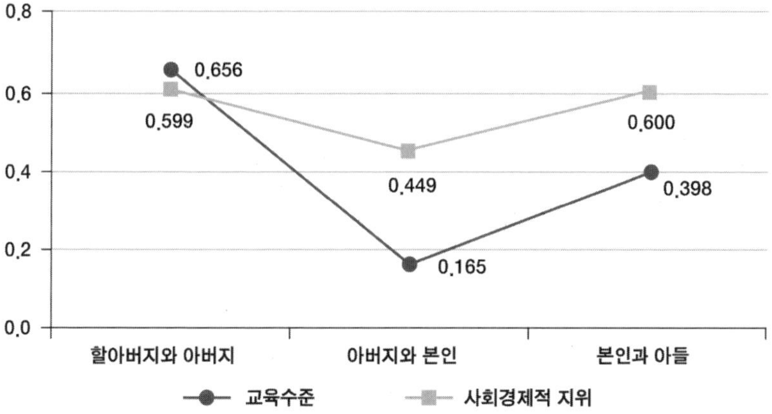

주: 교육 수준은 학력별 교육 연수이며, 사회경제적 지위는 해당 가족이 중년(40~50대)인 시기를 기준으로 해당 세대의 전체 한국인과 비교한 상대적 위치로서 응답자가 10점 척도로 평가한 수치임.
자료: 김희삼(2015).

의 연구를 통하여 우리나라에서도 계층 간 사회적 이동성이 떨어지고 있음을 보여주었고, 특히 교육의 문제를 강조하였다. 〈그림 1-9〉는 계층 대물림의 정도를 세대 간 교육 수준과 사회경제적 지위의 상관계수로 측정하여 현재의 중년 세대를 기준으로 할아버지 세대, 아버지 세대, 본인 세대, 자식 세대까지 4대에 걸친 세대 간 계층 대물림의 정도를 보여준다. 할아버지 세대와 아버지 세대 간에는 계층 대물림이 매우 심했으나, 고도성장 덕분에 아버지와 본인 세대 사이에는 계층 대물림이 과거에 비해 현저하게 줄어들었다가, 근래에는 사회적 이동성이 저하하여 본인과 자식 세대 사이에는 계층 대물림이 다시 커지는 것을 보여준다.

피케티의 이론은 한국 경제를 이해하는 데도 큰 통찰을 준다. 첫째, 자본축적 과정에서 나타나는 근본적인 불평등 심화의 동학(dynamics)이 경제개발 초기부터 오랫동안 작동했다. 본격적인 경제개발이 시작되기 전 한국 경제

의 자산 분배는 매우 예외적으로 평등한 상황이었다. 토지개혁이 단행되었고, 6·25동란과 인플레이션으로 실물자산과 금융자산이 파괴된 덕분이다. 그러나 성장과정에서 엄청난 자본이 축적되었고 부동산 가격이 폭등했으며, 그 분배는 갈수록 편중되었다. 둘째, 고도성장이 이루어지던 기간에는 자본—소득 비율의 상승이 억제되었고 자본소득 분배율도 제한되었으나, '3저호황' 이후 성장체제 전환의 지체에 따른 급격한 성장률 하락과 함께 이 비율들이 상승하였다. 이로써 자본소득의 불평등이 이전보다 훨씬 중요해졌고, 이는 곧 부의 대물림이 심화되었다는 것을 의미한다. 반면 경제성장이 만들어내는 새로운 기회가 줄어든 까닭에 빈곤의 대물림도 심화되고 있다. 셋째, 피케티의 우려를 증명하기라도 하듯이 한국은 자수성가한 부자는 적고 상속 부자의 비율이 세계에서 가장 높은 나라가 되었다.[31] 통계와 자료가 부족하여 한국 경제가 얼마나 세습 자본주의에 근접했는지 정확히 판단하기는 어렵지만[32], 이 땅의 젊은이들은 '헬조선'이라는 신조어와 '수저계급론'을 통해서 한국은 이미 노력보다 태생이 중요한 사회가 되었다고 외치고 있다.

사회적 이동성 혹은 기회의 평등이 단지 자본축적과 경제성장이 빚어내는

---

31) 미국 피터슨국제경제연구소(PIIE)가 경제전문지 포브스의 억만장자 명단을 토대로 분석한 결과, 2014년 기준으로 한국인 억만장자 중 상속 부자의 비율은 74.1%로 세계 최고 수준이었다. 이 비율이 중국과 일본에서는 각각 2%와 18.5%에 불과했으며, 미국은 28.9%, 유럽은 35.8%였다. 다른 데이터베이스를 활용한 국제자산정보회사 '웰스-X'와 듀크대 연구진의 분석에서도 우리나라의 자수성가형 부호 비율은 33.3%로 세계 평균 63.8%의 절반에 불과했으며, 조사 대상 53개국 중 47위에 그쳤다.

32) 피케티에 의하면 세습 자본주의가 성립하기 위한 두 가지 조건이 있다. 첫째, 국민소득 대비 상속 자본의 규모가 커야 한다. 이는 다시 자본/소득 비율이 6~7 정도로 충분히 크고, 자본의 대부분이 상속 자본일 것을 요구한다. 둘째, 상속 자본의 분배가 극도로 집중되어 있어야 한다. 한국의 자본/소득 비율은 이미 충분히 높다. 그러나 민간 자본에서 상속 자본이 차지하는 비중은 파악할 길이 없다. 과거 상당 기간 성장률이 높았기 때문에 상속 자본의 비중은 아직은 비교적으로 낮을 것으로 추정되나, 근래 성장률이 저하되어 이 비중이 점차 늘어날 것이다. 상속 자본의 집중도는 극단적으로 높을 것으로 짐작된다.

경제법칙의 산물인 것만은 물론 아니다. 제도와 정책에 의해 부와 빈곤의 대물림을 약화시킬 수도, 강화할 수도 있다. 이와 관련해서 세 가지가 중요하다. 첫째, 조세제도다. 우리나라는 상속증여세가 느슨하고, 자본과 자본이득에 대한 과세가 전반적으로 미약하기 때문에 조세제도에 부의 대물림을 약화시키는 기능이 매우 취약하다.[33] 둘째, 교육제도다. 과거에는 교육이 계층 상승의 사다리 역할을 했지만, 근래에는 오히려 계층 간 불평등을 재생산하고 고착화하는 역할을 하고 있다.[34] 셋째, 불공정 경쟁이다. "돈도 실력"이라던 정유라 씨의 말처럼 불공정 경쟁이 만연해 있어, 이미 부와 권력을 차지한 기득권자들이 부정한 방법까지 동원하여 실력과 노력에 의해 배분되어 마땅한 사회적 보상까지 차지하는 일이 비일비재하다.[35] 다양한 형태의 차별과 불공정 거래, 경제력 남용과 '갑질' 등이 모두 기회의 평등을 갉아먹고 있다. 아마도 불공정 경쟁 문제가 과거보다 악화된 것은 아닐 터이고 우리 경제와 사회에는 항상 불공정이 만연해 있었지만, 앞서 언급한 바와 같이 성장률이 하락

33) 통상 대다수 상속인은 각종 공제로 세금을 한 푼도 내지 않고 겨우 2% 정도만 상속세를 납부한다. 가업상속공제는 무려 500억 원까지 가능하며, 재벌의 편법적 상속은 너그러운 세법마저 무력화한다.

34) 김희삼(2014)에 의하면 서울대 입학생들 중 특목고 출신 비율이 2002년 22.8%에서, 2011년 40.5%로 두 배 가까이 높아졌는데, 서울지역 고교 1학년 학생 중에서 아버지 학력이 대졸 이상인 비율이 특목고는 92.2%에 달하는 반면 일반고는 60%, 특성화고는 26.8%로 큰 차이를 보인다고 한다. 사교육에 의존하는 입시경쟁, 특목고나 자사고 등 고교 다양화 정책, 입학사정관제 도입 등으로 복잡하고 다양해진 입시제도, OECD 최고 수준의 사립학교 비율과 대학등록금 등으로 인하여 명문대학 입학에 가정형편이 갈수록 중요한 변수가 되고 있다.

35) 이 중에서도 가장 위험한 것은 권력을 이용한 이권 추구 행위다. 공동체의 공공선을 추구하고 갈등을 조정하기 위해 존재하는 정치권력을 사적인 치부 행위에 사용하는 것은 공정경쟁을 원칙으로 하는 시장경제 질서를 파괴하고 민주주의를 유린하는 행위다. 이런 일이 빈발하는 사회를 서구에서는 정실자본주의(crony capitalism)라고 부르고, 우리는 정경유착이라고 부른다. 이런 현상이 심화되면 자원배분이 크게 왜곡되고 결국은 심각한 경제위기와 정치 위기가 닥쳐온다.

하면서 기회가 감소하고 부와 빈곤의 대물림이 심화된 탓에 체감 불공정이 증가한 것으로 짐작된다.

5. 결론: 양극화 해소 전략에 대한 함의

이제까지 경제적 양극화에 관해서 크게 세 가지 논지를 펼쳤다. 각각의 논지와 여기서 도출되는 양극화 해소 전략에 대한 함의는 다음과 같다.

첫째, 외환위기 이후 외국자본과 신자유주의 담론의 영향력 아래 진행된 노동시장유연화 등의 시장개혁과 극심한 경기침체가 양극화의 급격한 심화를 불러온 것은 사실이지만, 양극화의 시발점은 1990년대 초반이었고 이는 보다 구조적인 원인에 의해 촉발된 것이었다. 즉, 노동시장의 포화 상태에 대응하여 수출 대기업들이 자동화와 아웃소싱에 주력하며 고용 회피 전략을 택함으로써 성장이 좋은 일자리 증가로 이어지지 못하게 되었고, 대기업과 중소기업 간의 분절을 중심으로 노동시장의 이중구조화가 심화되었던 것이다. 따라서 비정규직의 정규직 전환과 차별 해소나 고용안정성 강화 등 신자유주의적 개혁의 부작용을 되돌리려는 노력도 필요하겠지만, 대기업과 중소기업 간의 거대한 협상력 차이와 그에 따른 노동시장의 이중구조를 해소하기 위한 근본적인 대책이 없이는 실효성이 제한적일 것이다. 이는 재벌개혁과 공정거래 강화를 요구할 뿐만 아니라, 보다 근본적인 처방으로 중소기업의 경쟁력과 협상력 강화를 필요로 한다. 이 과정에서 숙련에 기초하여 고부가가치를 창출하는 대안적 생산체제를 성립시켜야 이중구조 문제를 근본적으로 해결할 수 있을 것이다(Gallie, 2011; 전병유·정준호, 2015). 산별교섭을 확산하여, '연대임금'을 추구하는 방안도 모색할 필요가 있다.

둘째, 위와 같은 구조적 변화의 근저에는 성장체제 전환의 지체가 있었다. 요소 투입형 추격 성장체제에서 혁신 주도형 지속성장체제로의 전환이 지지부진함으로써 성장률이 급격히 하락하고 자본—소득 비율 및 자본소득 분배율이 상승한 것이다. 성장률 하락은 수출 대기업들의 고용 회피 전략으로 약화된 낙수효과를 더욱 약화시켰으며, 자본소득 분배율 상승은 소득불평등 증가의 중요한 요인으로 작용했다. 지속성장체제로의 완전한 전환을 위해서는 노동 억압에 기초한 자본축적 극대화 전략에서 벗어나 복지를 중시하고 인적 자본과 지식 자본을 우선하는 사람 중심 전략으로, 수출주도 성장전략에서 해외시장과 내수시장의 균형적 확대로, 무엇보다 선진기술의 모방과 습득을 넘어서서 내생적 혁신으로 전환해야 한다. 교육과 연구개발 시스템, 그리고 산업정책의 혁명적 전환이 필요하다.

셋째, 노동소득의 분배 못지않게 자본소득의 분배도 소득불평등과 양극화에 큰 영향을 미치며, 분배가 성장에 영향을 미치는 것 못지않게 성장도 분배에 영향을 미친다는 것을 인식해야 한다. 사실 이 때문에 성장체제의 관점에서 양극화의 근본 원인을 파악할 필요가 있는 것이다. 특히 자본소득의 비중이 커지는 것은 사회적 이동성 혹은 기회의 평등이라는 관점에서 매우 심각한 문제가 될 수 있다. 따라서 부와 빈곤의 대물림을 약화하기 위한 제도와 정책이 시급하다. 조세제도와 교육제도를 이러한 관점에서 개혁해야 하고, 모든 영역에서 기득권자들의 불공정 행위를 근절해야 한다.

한국 경제는 혁신 주도 지속성장체제로의 전환에 너무나 오랜 기간 동안 실패하고 있다. 외환위기 이후 민주 정부는 방향을 상실했고, 이명박 정부와 박근혜 정부는 아예 거꾸로 가고 말았다. 이미 5년 전에 경제민주화에 대한 국민적 합의가 형성되었지만, 박근혜 정부는 정경유착이라는 정반대의 길을 택했고 몰락했다. 문재인 정부가 내세우는 '소득주도성장'이 성공하기 위해서는 성장체제 전환의 시각에서 접근할 필요가 있다(홍장표, 2015). 최저임금 인상, 비정규직의 정규직 전환, 건강보험 보장성 등 복지 혜택 확대 등의 정책은 올바른 방향이지만, 이 글에서 지적한 포괄적이고 근본적인 정책 전환과 개혁이 함께 추진되지 않는다면 한국 경제가 양극화를 해소하고 지속적이고 포용적 성장을 이루어내기 어려울 것이다.

〈참고문헌〉

강신욱·김현경. 2016.「가구소득 원천별 불평등 변화와 요인별 기여도」.『경제불평등과 금융부채』. 서울사회경제연구소 엮음.

김낙년. 2014. "우리나라의 소득불평등 통계 믿을 수 있나?". ≪이슈페이퍼≫, 44호. 지식협동조합 좋은나라.

_____. 2018.「한국의 소득집중도: 업데이트, 1933~2016」.『한국의 장기통계』 발간 기념 심포지엄 발표 논문, 낙성대경제연구소.

김낙년·김종일. 2013.「한국의 소득분배 지표의 재검토」. ≪한국경제의 분석≫, 19(2).

김진방. 2016.「성급한 진단과 처방 그리고 격문」. ≪황해문화≫, 통권 90호, 2016 봄.

김희삼. 2014.「세대 간 계층 이동성과 교육의 역할」. 김용성·이주호 편.『인적자본정책의 새로운 방향에 대한 종합연구』. KDI연구보고서, 2014-08.

_____. 2015. "사회 이동성 복원을 위한 교육정책의 방향". 서울대학교 사회과학연구원 불평등 심포지엄 발표자료.

남기업. 2016.「부동산소득과 소득불평등 그리고 기본소득」. ≪현안과 정책≫, 제158호. 지식협동조합 좋은나라.

송위진 외. 2006.『脫추격형 기술혁신체제의 모색』. 과학기술정책연구원.

유경준. 2002.『외환위기 이후 소득분배구조변화와 재분배정책효과 분석』. 한국개발연구원.

유종일. 1997.「박정희 시대의 노동정책과 노동개혁의 방향」. ≪경제발전연구≫, 3권 3호.

_____. 2011.「경제성장 신화의 허와 실」. 유종일 엮음.『박정희의 맨얼굴』. 시사IN북.

_____. 2015.「피케티는 무엇을 말하고 있나」. 유종일 엮음.『피케티, 어떻게 읽을 것인가』. 한울.

_____. 2016.「한국의 소득불평등 문제와 정책대응 방향」. ≪현안과 정책≫, 제152호. 지식협동조합 좋은나라.

_____. 2017.「한국경제의 조로증과 회춘의 묘약」. ≪유종일의 경제에세이≫, 10. 지식협동조합 좋은나라.

이우진. 2016.「소득불평등의 심화 원인과 재분배 정책에 관한 연구」. 국회예산정책처.

이재형. 2008.「우리나라 산업집중 및 시장구조 실태분석」. 통계개발원.

이제민. 2007.「한국의 외환위기: 원인, 해결과정과 결과」. ≪경제발전연구≫, 13권 2호.

장하성. 2014.『한국자본주의』. 헤이북스.

_____. 2015.『왜 분노해야 하는가: 한국 자본주의 II』. 헤이북스.

장하준·정승일. 2005.『쾌도난마 한국경제』. 부키.

전병유·김복순. 2005.「노동시장의 양극화와 정책과제」. 한국노동연구원,

전병유·정준호. 2015. 「한국경제의 이중화와 성장체제의 전환」. 제9회 정책심포지엄 발표문. 지식협동조합 좋은나라.

정이환. 2013. 『한국 고용체제론』. 후마니타스.

주상영. 2015. 「피케티 이론에 비추어 본 한국의 현실」. 유종일 엮음. 『피케티, 어떻게 읽을 것인가』. 한울.

지주형. 2011. 『한국 신자유주의의 기원과 형성』. 책세상.

홍장표. 2015. 「소득주도 성장과 중소기업의 역할」. 서울사회경제연구소 엮음. 『한국 경제의 새로운 지향과 개혁 과제』. 한울.

Anthony Atkinson. 2000. "Is Rising Inequality Inevitable? A Critique of the Transatlantic Consensus." *WIDER Annual Lectures 3*, WIDER.

Dani Rodrik. 1995. "Getting Interventions Right: How South Korea and Taiwan Grew Rich." *Economic Policy*, Vol. 20, pp.55~83.

David Autor. Lawrence Katz. and Melissa Kearney. 2006. "The Polarization of the U.S. Labor Market." *American Economic Review*, Vol.96, No.2. pp.189~194.

David Card. and John DiNardo. 2002. "Skill Biased Technological Change and Rising Wage Inequality: Some Problems and Puzzles." *Journal of Labor Economics*, Vol.20, No.4.

Duncan Gallie. 2011. "Centre for Learning and Life Chances in Knowledge Economies and Societies." *Production Regimes, Employee Job Control and Skill Development.*

Hakchung Choo. 1985. "Estimation of Size Distribution of Income and Its Sources of Changes in Korea, 1982." *Korean Social Science Journal*, Vol.12.

Jong-Il You. 1998. "Income Distribution and Growth in East Asia." *Journal of Development Studies*, Vol.34, No.6, pp.37~65.

Oded Galor. 2005. "The Transition from Stagnation to Growth: Unified Growth Theory." Philippe Aghion. and Steven Durlauf(eds). *The Handbook of Economic Growth, Vol. 1.* Elsevier.

Oded Galor. and David Weil. 2000. "Population, Technology and Growth: From the Malthusian Regime to the Demographic Transition and Beyond." *American Economic Review*, Vol.90, No.4, pp.806~828.

Paul Krugman. 2007. *The Conscience of a Liberal.* Norton.

Philippe Aghion. and Peter Howitt. 2005. "Growth with Quality-Improving Innovations: An Integrated Framework." Philippe Aghion. and Steven Durlauf(eds.). *The Handbook of Economic Growth*, Vol.1. Elsevier.

Robert Feenstra. and Gordon Hanson. 1996. "Globalization, Outsourcing, and Wage Inequality." *American Economic Review*, Vol.86, No.2, pp.240~245.

William Milberg. and Ellen Houston. 2005. "The High Road and the Low Road to International Competitiveness: Extending the Neo-Schumpeterian Trade Model Beyond Technology." *International Review of Applied Economics*, Vol.19, No.2, April, pp.137~162.

World Bank. 1993. *The East Asian Miracle*. Oxford University Press.

Yujiro Hayami. 1997. *Development Economics*. Oxford University Press.

제2장

소득주도성장의 정책 프레임워크와 주요 정책

주상영 | 건국대학교 경제학과 교수

1. 서론

소득주도성장론은 임금주도성장론을 확장한 개념으로, 임금을 포함한 가계의 소득 증대를 통해 성장과 분배의 선순환을 모색하는 것을 골자로 한다. 기존의 주류 거시경제 모형은 소득분배를 명시적으로 다루지 않고 부차시하지만, 2007~2008년 글로벌 금융위기 이후 소득분배의 악화가 대침체의 원인 가운데 하나이며, 소득불평등의 개선 없이 본격적인 경기회복을 기대하기 어려울 것이라는 주장이 설득력을 얻기 시작하였다. 대안으로 부상한 소득주도성장론은 소득의 형평성이 그 자체로 중요할 뿐만 아니라 경제의 성장에도 기여한다고 보는 진보적 성장론이다. 소득주도성장론은 경제성장에서 총수요의 중요성을 강조한다. 소득주도성장론자들은 총수요를 구성하는 두 축(투자와 소비) 중에서 소비를 중시하고, 소비의 증대를 위하여 노동소득이 대부분을 차지하는 가계소득 증대의 중요성을 역설한다는 점에서 노동 친화적 성격을 갖는다.

보통 경제학에서 경제성장은 장기적인 문제로 인식되지만, 소득주도성장론이 유래하는 케인스 경제학은 단기에 주목하기 때문에, 소득주도성장론을 일반화된 성장론으로 내놓고자 하는 경제학자들은 총수요에서 총공급으로 향하는 메커니즘이 장기적으로도 성립함을 보이고자 한다. 소득주도성장론의 관점에 따르면 경제의 성장은 '총수요와 총공급의 누적적 선순환' 과정이다. 포스트케인스주의 학파 속하는 영국의 칼도어(Niclolas Kaldor)의 견해에 따르면 성장은 누적적 인과관계(cumulative causation)의 산물이다. 수요가 늘면 생산이 늘고 생산이 늘면 그에 따라 노동 생산성도 증가하며 노동 생산성의 증가는 곧 임금의 증가로 이어지고 임금의 증가는 총수요 증가로 이어진다. 이러한 가설은, 수요와 공급을 철저히 분리해서 보는 가운데 생산성이 주로 지식과 과학기술의 진보에 의해 결정된다는 신고전학파적 시각에 반론을 제기한 것이었다. 이와 유사한 생각은 미국의 애로우(Kenneth Arrow)에게 이어지는데, 그의 경험학습(learning by doing) 모형에 의하면 '생산(소득) 증가 ⇒ 저축 증가 ⇒ 자본스톡 증가 ⇒ 기술 진보 ⇒ 일인당 소득 증가'의 자연스러운 성장 기제가 작동한다.[1)]

그러나 다음과 같은 관점에서 소득주도성장론의 한계를 인식하는 것도 중요하다. 분배를 개선하고 유효수요를 확대하여 현재의 설비가동률을 끌어올리고 실제 성장률을 잠재성장률 궤도로 올려놓는 것도 중요하지만, 자본주의 경제에서는 자본가들의 사활을 건 기술혁신과 신제품 개발 경쟁이 중요할 수밖에 없다. 즉, 생산론이 부족하다는 것이 소득주도성장론의 단점이라고 할 수 있다. 따라서 소득주도성장 정책이 성공하기 위해서는 좀 더 적극적이고

---

1) Arrow(1962)에는 이 과정이 "… learning takes place only as a byproduct of ordinary production"으로 기술되어 있다.

구체적인 차원의 성장전략이 필요하다. 이러한 의미에서 혁신의 중요성을 간과해서는 안 된다. 다만 혁신에 대한 개념이 매우 다양하기 때문에 소득주도성장 기조와 양립할 수 없는 방향으로 흐를 수도 있음을 경계할 필요가 있다.

문재인 정부가 내세운 경제정책 가운데 가장 주목을 끈 것은 단연 소득주도성장이다. 그러나 새 정부가 출범하고 2년이 지난 지금 이 정책의 동력은 크게 약화된 것으로 보이는데, 소득주도성장에 대한 비판은 지난 2년 동안 나올 만큼 다 나왔을 정도로 많았다. 잘해야 단기부양책에 불과하고 성장정책이라기보다 분배정책이며 경제정책이 아니라 인권정책에 가깝다는 평까지 들었다.

한국에서는 오랜 기간 동안 성장으로 분배를 해결하자는 패러다임이 지배하였고, 이는 결국 분배 문제를 부차시하는 경향을 낳고 말았다. 유독 고도성장에 대한 미련과 집착이 강한 한국 사회에서 그 결과는 심각한 노인 빈곤과 초저출산이라는 부끄러운 자화상으로 남게 되었다. 고령화와 인구 감소는 성장을 제약하게 될 것이다. 정해진 미래로 다가오는 인구 감소는 자연의 섭리가 아니라 잘못된 사회경제정책의 혹독한 대가이다. 소득주도성장론을 맹신할 필요까지는 없지만, 그렇다고 성장으로 분배를 해결하자는 과거의 패러다임에 빠져 낙수효과와 선별복지의 논리로 돌아간다면 아무것도 바꿀 수 없다. 소득주도성장은 새로운 패러다임으로의 전환에 물꼬를 트기 위한 전략이다. 시행 2년이 경과한 지금, 이 점을 환기할 필요가 있다.

소득주도성장론에 대한 논란은 앞으로도 지속될 것이다. 이 글의 목적은 소득주도성장이 성장 담론에서 차지하는 위치를 다시 한 번 점검해 보고 소득주도성장의 목표, 범위, 전략을 논의하며 정책 프레임워크를 설계하는 데 있다. 성장정책인 만큼 그 성과를 2년 만에 평가하는 데에는 한계가 있겠지만, 정책 프레임워크의 구축 과정에서 비판적 고찰이 자연스럽게 반영될 것이다.

논의의 초점은 정책의 외연을 어떻게 확장할 것인가에 있다. 이러한 관점에서 소득주도성장 프레임과 양립 가능한 혁신성장의 방향에 대해서도 언급하고자 한다.

2. 소득주도성장이 성장 담론에서 차지하는 위치

1) 제도와 성장 패러다임

소득주도성장을 위시하여 문재인 정부의 J노믹스가 등장한 배경에는 1960년대 이래 확립된 재벌과 관료 주도의 성장 패러다임이 더 이상 유효하지 않으며, 도리어 성장에 걸림돌이 되고 있다는 광범위한 공감대가 자리 잡고 있다. 경제성장률의 추세적 하락 및 그와 동시에 진행된 대기업과 중소기업의 격차 확대, 노동소득 분배율의 압축적 하락, 자산 소유 격차의 확대, 출산율의 급격한 저하는 지난 20여 년간의 사회경제정책이 전반적으로 실패했음을 명백하게 보여준다. 일부 학계의 대안 성장론의 차원을 넘어 소득주도성장이 정책 패러다임의 대전환을 선도하는 정책으로 등장한 것은 그동안 누적되었던 불평등·양극화 구조에 대한 대다수 국민의 불만이 자리하고 있기 때문이었다. 역대 정부는, 적어도 표면적으로는 불평등·양극화 문제의 심각성을 인식하고 시정하려는 노력을 기울였으나 결과적으로 모두 실패하였다.

과거의 실패를 반복하지 않으려면 현 시점에서 소득주도성장에 관한 논란을 정리할 필요가 있다. 시장근본주의자들의 맹신과 달리 시장은 진공 속에 존재하는 것이 아니며, 실제 어떤 제도를 선택하는가에 따라 다르게 작동한다. 〈그림 2-1〉은 대안 성장론을 모색한다는 차원에서 우리에게 필요한 성장

〈그림 2-1〉 제도와 성장 패러다임

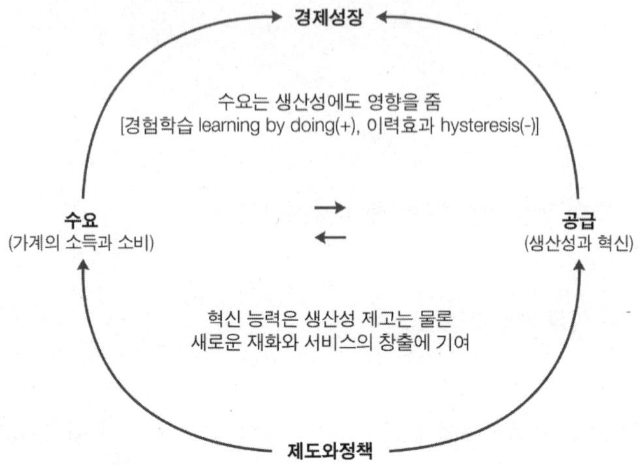

진보적	사회안전망: 자동안정화장치 노동/가계소득 분배율 제고 재정 확대, 유효수요 유지 - 보편적 복지 - 공공서비스 확대 (income/demand-led growth)	사회안전망: 도전과 재기의 기회 경제민주화: 공정성 제고, 약자 보호 사회 이동성 제고 - 교육격차 해소, 수준 높은 공교육 - 경제적 지대와 불로소득 억제 (equitable and inclusive growth)
중도적	경기 역행적 총수요 관리 자산 가격 안정: 안정적 소비 빈곤 해소: 기초소비 기반 제공 선별적 · 효율적 · 생산적 복지	자원 배분의 효율성 제고 경제활동 참가율 제고 관료적 규제의 철폐 창조적 파괴: 혁신의 유인 (structural reform)

패러다임을 정리해 본 것이다. 진보적 제도와 중도적 제도로 구분하고 각 제도가 성장을 위해 어떠한 정책 방향을 추구하는지 간추려 보았다. 제도를 구분하였지만, 기본적인 인식의 틀은 경제성장이 '총수요·총공급의 누적적 인과관계'의 결과물이라는 것이다.

경제의 성장이 수요와 공급의 상호작용으로 이루어진다는 관점에서 본다면,

성장 패러다임에 대해 수요와 공급의 틀을 적용하여 접근할 수 있다. 신고전파 적 사고에 의하면 경제의 성장은 생산능력, 즉 공급능력을 확충해 나가는 장기적 과정이다. 경제성장은 1인당 국민소득의 증가, 즉 1인당 노동 생산성이 증가하는 과정이므로 경제성장의 요인을 분석할 때 생산성에 주목하는 것은 당연하다고 할 수 있다. 그러나 유효수요의 확대가 자본과 노동에 대한 수요를 증가시키고 생산과 분업을 증대하는 과정에서 작업의 효율성, 즉 노동 생산성이 자연스럽게 상승하는 양상을 보인다는 점에서 생산성의 증가는 수요 요인과 무관하지 않다. 또한 수요 부족으로 경제가 침체에 빠질 경우에 일시적 실업뿐만 아니라 장기 실업도 늘어나는 경향을 보이는데, 경기가 회복되어 장기 실업자가 생산 현장에 복귀하더라도 오랜 기간의 실업에 의해 생산성이 훼손된 상태이므로 기여도가 약해진다. 즉, 생산성은 새로운 과학기술의 도입과 같이 외생적인 요인에 의해서만 좌우되는 것이 아니라 일상적이고 반복적인 작업 과정에 자연스럽게 증가하는 속성을 갖고 있다. 한편 공급 측면에서의 혁신은 생산성을 증가시키는 경로뿐만 아니라 새로운 재화와 서비스의 개발 과정에서 인간의 욕망을 자극하고 새로운 수요를 창출하는 데 기여한다.

제도와 정책은 수요와 공급에 모두 중요한 영향을 미치기 때문에 성장을 추동하기 위해서는 제도의 설계가 중요하다. 성장의 애로가 어느 측면에서 발생하고 있는가의 판단에 따라 정책적 대응이 달라질 수밖에 없다. 일반적으로 공급 측면에서는 교육 기회의 확대, 사회 이동성의 확보, 경제활동에서의 공정성 보장 등이 주요 과제일 것이다. 즉, 경제주체에게 성장하려는 의지(will to grow)를 고취하는 것이 중요하다. 한편 소득과 부가 지나치게 집중될 경우 한계지출성향의 격차로 인해 경제 전체의 수요 기반이 취약해져 성장의 장애요인이 된다는 케인스적 견해를 따르면, 소득과 부의 불평등 완화, 소득과 일자리 안정을 통한 수요 기반의 확보 또한 경제의 성장을 주동하는 한 축을 이루게 된다. 사회안전망의 확충은 자동안정화장치를 제공한다는 점, 그리고 도전과 재기의 기회를 제공한다는 점에서 수요와 공급을 강화하는 데 모두 기여한다.

제도와 정책은 이념과 무관하지 않으므로 수요와 공급을 자극하는 정책의 설계도 어떤 사회경제를 이상으로 설정하는가에 따라 달라진다. 예를 들어 경제성장에 소득분배 개선과 유효수요의 역할이 중요하다고 주장하는 '소득/수요주도성장론'은 진보적 성격을 띠므로 보편적 복지와 공공서비스의 확대를 주장하게 된다. 한편 진보적 관점을 유지하더라도 공급 요인의 강화에 중점을 두는 성장론은 경제민주화, 사회 이동성의 강화 등을 강조한다(equitable and inclusive growth). 한편 중도적 혹은 중도 보수적 관점을 유지하는 성장론에서는 공급 측을 강화하는 데 있어, 자원배분의 효율성 제고, 경제활동 참가율 제고, 관료적 규제의 철폐, 창조적 파괴 등을 일관되게 강조한다. 수요 측면에 있어서는 경기변동을 축소하면서 경제를 안정화시키는 정책을 선호하는데, 경기 역행적 총수요관리, 자산가격의 안정화, 빈곤해소와 선별적 복지 정도를 강조하는 경향을 보인다.

성장을 위한 제도와 정책의 선택은 사회적 합의와 정책 당국자들의 의지에 달려 있지만, 일차적으로는 경제의 취약성이 어느 부분에서 두드러지는가에 대한 냉철한 진단과 판단에 근거해야 할 것이다. 한국에서 소득주도성장론이 등장한 데에는 불평등 심화, 노동소득과 가계소득의 부족이 내수침체 요인으로 작용하면서 대외 요인에 취약한 경제구조를 고착화시키고 있다는 인식이 자리 잡고 있다. 일반적으로 성장정책은 공급 요인을 강화하는 데 초점을 두지만, 성장을 위해 분배 개선과 유효수요의 확대가 필요하다는 다소 비전통적인 성장론이 등장하게 된 것은 한국 경제의 특수한 상황 때문이기도 하다. 사실 공급 주도의 정상적인 성장 경로를 따라가기 위해서라도, 적어도 중기적인 시계에서 분배 개선과 수요 확대가 필요하며, 이는 주요 선진국의 정책 경험에서 확인된다. 그동안 성장을 위해 불평등을 감수하고 내수를 희생하면서 오로지 수출로 큰 성과를 이루겠다는 성장 패러다임을 너무 오랫동안 지속한 결과는 최악의 출산율과 노인 빈곤율로 나타나고 있으며, 이는 이미 장기 저성장 기조를 기정사실화하는 지표가 되어버렸다.

2) 정책 패러다임에 관한 몇 가지 개념의 정리

소득주도성장론은 주로 포스트케인스주의 학자들이 주장하는 성장 담론이지만, 2007~2008년 금융위기 이후 일반 경제학계의 주목을 받고 대안적 성장론으로 검토되기 시작하였다. 소득불평등이 커지면 경제의 총수요가 줄어들어 경제의 성장이 지체되고 경제가 불황에 빠지게 되므로 소득불평등의 완화는 그 자체로도 중요한 사회적 가치를 갖지만 경제의 총수요를 증대시킬 가능성이 있고, 경제위기와 불황의 근본적인 해결책이자 안정적인 성장정책이라는 인식이 확산되었다. 사실 소득분배 악화와 경제성장의 상관관계를 적극적이고 정교하게 이론화한 것은 포스트케인스주의 학자들이지만, 스티글리츠(Joseph E. Stiglitz), 크루그먼(Paul Krugman), 서머스(Lawrence Summers) 등 개혁성향의 범 케인스주의에 속하는 학자들의 지지를 얻었다. 또한 UNCTAD, IMF, ILO, OECD 등 국제경제기구들의 보고서에서도 성장의 회복을 위해 소득분배를 바로잡을 필요성이 꾸준히 제기된 바 있다.

소득주도성장론과 함께 포용적 성장의 개념도 확산되기 시작하였다. 포용적 성장(inclusive growth)의 개념을 글자 그대로 좁게 정의하면 '소외계층이 경제활동에 적극 참여하고 충분한 보상을 받을 기회가 확대되는 경제성장'이다. 사실 포용적 성장이 정확히 무엇을 의미하는지는 여전히 확실하지 않으나, 용어 자체는 카크와니와 퍼니아(Kakwani and Pernia, 2000)에서 비롯된 것으로 알려져 있다. 이들은 발전경제학의 관점에서, 빈자의 삶을 개선하기 위해 낙수효과에만 의존해서는 안 되며 '빈자를 적극 배려하는 성장(pro-poor growth)'으로 패러다임을 바꿀 것을 제안한 바 있다. 이후 포용적 성장이라는 용어는 '경제성장, 빈곤 해소, 불평등 축소를 동시에 추구하는 어젠다'로 폭넓게 해석되면서 널리 사용되고 있다.

포용적 성장이라는 용어가 유행하게 되었지만, 그 개념의 모호성은 여전히 해소되지 않고 있다. 소외계층에게 기회를 확대하고 선별적 복지를 통해 이들이 빈곤선에서 탈출하는 것을 돕는 정책 패러다임 정도로 이해한다면, 신고전파 주류경제학의 관점과도 모순을 일으키지 않는다. 그러나 빈곤층·소외계층뿐만 아니라 대부분의 근로자가 속한 중산층까지 염두에 둔다면, 포용적 성장의 개념은 그 외연이 더 확장되고 진보적 성격을 띠게 될 것이다. 참고로 〈그림 2-1〉에서 경제의 공급 측면을 강화하는 진보적 성장정책의 방향을 '공정하고 포용적인 성장'으로 규정한 것은, 자칫 '포용적 성장'이라는 용어가 좁은 의미의 소극적인 정책으로 오인될 우려가 있기 때문이다.

소득주도성장과 포용적 성장이 강조되면서 지난 수년간 주목을 받았던 경제민주주의에 대한 논의가 상대적으로 약화된 것은 우려할 만하다. 물론 '공정경제'가 문재인 정부의 핵심 경제철학의 하나로 자리 잡고 있지만, 대기업/수출주도성장과 낙수효과에 기대온 과거의 정책 패러다임을 근본적으로 바꾸기 위해서는 공정경제라는 용어보다 의미 전달이 분명한 경제민주주의가 지속적으로 강조될 필요가 있다.

역사적으로 경제민주주의라는 개념은 다양한 차원과 강도에서 논의되어 왔으나, 그 본질은 자본이 행사하는 독재적 권력을 견제하는 것이다. 경제민주주의는 크게 세 가지 관점, 즉 자본과 노동의 권력관계에서 약자의 위치에 놓일 수밖에 없는 노동의 관점, 일정 지분의 자본을 보유하고 있음에도 불구하고 실제로 의사결정에서 소외되는 투자자의 관점, 그리고 집중된 경제력이 정치·사회 영역까지 포획하는 것을 저지하는 경제정책의 관점을 포괄한다. 경제력 집중, 소득과 부의 불평등은 그 자체로도 문제인데다 민주주의를 위협하는 요인이며, 적절히 제어하지 않으면 성장 등 경제적 성과에도 부정적인 영향을 미친다. 따라서 경제적 약자의 권리를 신장하고 능력과 성과에 의한 보상을 보장하는 시스템을 구축하는 것이 중요하다는 점에서 경제민주주의는 새로운 성장 패러다임의 한 축, 특히 공급 측면의 중요한 축을 담당하는 것이 마땅하다. 경제민주주의는 '공정하고 포용적인 성장'의 중요한 어젠다이다.

소득주도성장과 경제민주주의는, 진보적 관점에서 본 성장 패러다임의 수요 측면과 공급 측면에서 각각 중요한 축을 담당한다. 경제적 약자와 소외계층뿐만 아니라 중산층까지 광범위하게 아우르는 계층의 권리와 소득의 신장에 초점을 둔 제도의 구축이야말로 소득주도성장과 공정하고 포용적인 성장이 궁극적으로 지향하는 지점이다. 이러한 점에서 경제민주화와 소득주도성장이 지향하는 바는 서로 통하며, 두 정책이 조화롭게 추진되는 과정에서 지속가능한 경제 생태계가 조성될 것이다.

OECD와 IMF 등 국제경제기구에서는 지난 1990년대 이후 한국에 대해 지속적으로 사회안전망의 확충과 함께 구조개혁의 필요성을 강조해 왔는데, 구조개혁이라는 용어 자체가 추상적인데다 대체로 보수적 관점에서 인용되는 경향이 강했다. 특히 보수적 관점에서 관치 경제에서 시장경제 패러다임으로의 전환을 요구하는 메시지를 담은 것으로 해석되어 규제완화나 구조조정 등을 시사하는 용어로 사용되는 경향이 짙었다. 예를 들어 1997년 외환위기는 경제에 엄청난 충격을 주었고 구조개혁 바람을 불러일으켰는데, 물론 경제의 체질을 강화하는 데 필요했지만 구조개혁이라는 개념은 시장 만능의 사조를 빠르게 확산시키는 데 기여했다. 이는 상대적으로 사회안전망을 구축하고 불평등을 교정하려는 노력을 소홀히 하게 만든 측면이 있었으며, 구조개혁의 열풍 속에서 불평등이 걷잡을 수 없이 악화되었다. 다른 국가의 경우도 유사하지만, 금융위기의 대응 과정에서 구조개혁이라는 명분에 지나치게 집착함으로써 불평등이 더 심해진 측면이 있다. 따라서 구조개혁의 필요성에도 불구하고 용어가 오용될 우려가 있으므로 접근법에 세심한 주의가 요구된다.

구조개혁이라는 용어는 효율적이면서도 공정한 시장 질서를 구축하는 데 요구되는 제도와 규칙의 정비로 이해하는 것이 바람직하다. 〈그림 2-1〉에 나타내었듯이 구조개혁은 자원배분의 효율성 제고, 관료적 규제의 철폐 등 시장경제가 제대로 작동하는 데 필요한 조처 등에 초점이 맞추어져야 하며, 단순히 규제완화나 인력의 구조조정을 의미하는 용어로 사용되어서는 안 될 것이다. 부조리, 불공정, 관료주의에서 벗어나 시스템을 업그레이드하는 것은 이념과 무관하며, 이러한 관점에서 교육개혁, 금융개혁, 공공부문개혁 등은 구조개혁의 주요 과제이다.

소득주도성장 정책이 성공하려면 사회경제 전반의 구조개혁 정책이 동시에 진행되어야 하며, 그렇지 않으면 특정 학파의 이론으로 협소하게 인식되어 실패할 가능성이 있다. 사실 소득주도성장론은 분배와 수요를 강조하는 포스트케인스주의에 이론적 기반을 두고 있어 초기에는 이러한 논리에 익숙하지 않은 주류경제학계와의 논쟁이 불가피하였다. 비록 특정 학파에 유래를 둔다고 하더라도, 어떤 이론이든 그것을 실제 정책으로 구현하는 차원에서는 외연을 확대하고 정책을 적절히 혼합해야 한다. 사실 지난 2년 동안의 정책이 최저임금 인상, 근로시간단축 등 노동정책에만 치중한 인상을 주고 있으므로, 소득주도성장의 취지에 맞는 다양한 정책 패키지를 제시하고 중도개혁 지향의 일반경제정책에 이르기까지 외연을 넓게 확장할 필요가 있다.

3. 소득주도성장의 목표와 전략

1) 소득주도성장의 개념, 목표, 범위

연대와 상생이라는 사회적 가치를 염두에 두면서, 소득주도성장의 개념을 다음과 같이 정리해 볼 수 있을 것이다.

> 노동에 대한 대가를 공정하게 지불하는 시장 관행을 정착시키고, 국가가 앞장서서 사람에 투자함으로써 소득, 소비, 투자가 선순환하는 국민경제의 발전 과정.

구체적으로 소득주도성장의 목표는, ① 독과점 시장구조와 현대적 기술 진보의 흐름하에서 경제적으로 뒤처지고 보호받지 못할 가능성이 더욱 높아진 중간층 이하의 소득을 정책적·제도적으로 향상하고, ② 사회안전망과 공공서비스의 범위를 확대하여 국민의 삶의 질을 개선하고 공동체 귀속감을 높이며, ③ 혁신하고 성장하려는 의지를 가진 사람에게 국가가 나서서 장애요인을 제거하고 기회의 공간을 열어주는 포용적이고 지속가능한 경제체제를 구축하는 것이다. 즉, 소득주도성장을 지향하는 국가는 구성원에게 최소한의 소득을 제공하고 사회에 참여할 권리를 부여하며 도전과 성장의 기회를 공평하게 제공해야 한다.

소득주도성장 정책이 이상과 같은 목표를 달성하면서 성공하기 위해서는 다음과 같이 관점과 정책의 시계를 넓힐 필요가 있다.

- 일차적으로 시장의 규칙을 바로잡는 데에서 출발
- 경기의 규칙을 바로잡을 뿐만 아니라 시장분배에도 적절히 개입하는 것을 포

함한다는 점에서 소득주도성장의 특색을 유지함

- 동일노동·동일임금을 유도하는 정책, 생산성임금제, 최저임금 설정, 기업이윤의 처분 방식에 부분적으로 간여하는 투자·상생협력촉진세제, 원·하청 계약 및 프랜차이즈 표준계약제도 도입 등은 시장에서의 경기 규칙과 분배에 직접 개입하는 정책임
- 재벌 계열사의 무분별한 확장을 막는 입법조치들도 잠재적 경쟁자들의 소득기회를 확대한다는 점에서 소득주도성장의 중요한 요소임
- 복지 확대와 사회안전망(예: 실업보험) 확충은 소득의 보장, 유지, 자동안정화 경로를 통해 총수요를 유지하는 데 기여하고, 다른 한편으로는 재기의 기회를 제공한다는 차원에서 공급능력을 확충
- 사람에 대한 투자, 즉 인적자본에 대한 투자: 경제정책, 사회정책, 교육정책의 역량을 이 부분에 집중시킴
- 소득주도성장론이 소득의 재분배(redistribution)만 중시할 것이라는 편향된 시각을 불식시키기 위해서라도, 자원의 효율적 재배분(reallocation)을 유도하는 정책을 꾸준히 지속함
- 산업 및 기업의 구조조정, 공공부문 개혁, 금융개혁의 경우에 기득권을 위한 개혁으로 흐르지만 않는다면 주저하지 말고 시행함
- 경제의 공급구조 정비에 관한 구조개혁 정책은 언제나 유효하며, 다만 그것을 완화적인 재정·통화정책 등 보완적 장치와 함께 실행하면 장기적 관점에서 소득주도성장과 충돌할 이유가 없음
- 구조개혁의 경우에 공공부문 개혁 조치가 선행되어야 국민적 공감대를 얻고 사회적 갈등을 최소화할 수 있다는 점에 유의함
- 구조개혁은 정책의 원칙과 명분이 중요: 예를 들어 재벌개혁의 경우에도 독과점 구조의 개혁이라는 명분하에 추진하면 공감대를 넓힐 수 있음

전략적인 접근도 중요하다. 소득주도성장 정책의 외연을 확장하여 정착시키려면 소득주도성장은 수요 측면, 혁신성장은 공급 측면에 관한 것이라는 도식적 접근을 자제하는 것이 바람직하다. 소득주도성장에 대한 피상적이고 편협한 비판 논리를 극복하는 것도 중요한 과제이다. 따라서 차제에 소득주도성장 정책의 개념과 방향을 명확하게 재정비하고 국민이 체감할 수 있는 정책 패키지를 제시하여 국민의 공감과 지지를 확인하는 것이 필요하다. 새로운 경제 패러다임으로서 소득주도성장을 자리매김하고, 우리 경제의 성장 잠재력 회복에도 필요 불가결하다는 장기적 비전을 제시함으로써 공급 측면에서의 성장전략의 부재 내지 비정합성을 빌미로 소득주도성장을 좌절시키려는 논리를 극복해야 한다. 소득주도성장 정책이 분배와 수요 측면만을 강조하는 것이 아니라, 인적자본에 대한 투자, 자원배분의 효율성 제고, 경쟁정책의 정교화, 상향식 혁신까지 아우르는 성장정책, 즉 경제정의에 부합하는 공급능력 강화 정책이란 점을 구체적인 정책 패키지를 통해 보여주어야 할 것이다.

2) 소득주도성장의 주요 경로

정책이 목표를 달성하는 데에는 전달 경로를 필요로 하며, 소득주도성장 정책도 마찬가지이다. 이러한 관점에서 지난 2년 동안의 정책은 주로 노동정책에 치중한 인상을 주고 있다. 한국자본주의의 미래를 소득주도성장의 길로 인도하기 위해서는 노동 경로 이외에 (기업)금융 경로, 재정 경로 등도 못지않게 중시되어야 하며, 소득주도성장의 주요 경로를 모색하여 정책 프레임워크를 견고하게 설계해야 한다.

(1) 노동 경로의 확장

분수 경로 혹은 노동 경로라고 할 수 있는 대표적인 정책으로 최저임금 인상, 실업보험 확대, 근로장려세제 강화를 들 수 있다.[2] 최저임금의 인상은 임금불평등을 축소하는 데 매우 중요한 역할을 하는데, 특히 노조 가입률이 극히 저조한 한국적 현실을 감안할 때 국가가 노동조합을 대신하여 임금에 영향력을 행사할 수 있는 중요한 수단이다.[3] 다만, 최저임금이 추가로 크게 인상될 경우에 영세소상공업의 구조조정 속도가 지나치게 빨라질 위험성에 유의해야 한다.

무엇보다 '소득주도성장=최저임금 인상'의 프레임에서 벗어나는 것이 바람직하다. 소득주도성장에 비판적인 사람들은 그 성패 여부가 마치 최저임금의 인상의 효과에 달려 있는 것처럼 몰아붙이는데, 진영을 나누어 '소득주도성장=최저임금 인상'의 프레임에 상대를 가두거나 스스로 갇히는 것은 국민경제를 위해 바람직하지 않다. 최저임금 인상이 소득주도성장의 기반 구축 과정이기는 하지만, 최저임금 인상만 앞서나가는 것은 바람직하지 않으며 실업보험 및 근로장려세제와 함께 3박자 조화를 이루는 것이 중요하다.[4]

실업보험은 특정 소득계층을 겨냥하지는 않지만, 소득의 안정성을 높이는 데 중요한 역할을 한다. 소득주도성장을 위해 최저임금보다 실업보험이 경시되어야 할 이유는 없다. 재기를 위한 탐색 기간이 연장되어야 일자리 매치

---

2) 노동조합의 협상력 강화도 중요하지만 여기서는 논의하지 않는다.

3) 주상영(2018b)에 의하면 최저임금은 노동소득 분배율과 가계소득 분배율에 영향을 미치는 변수이다.

4) 최저임금 인상의 부작용을 중화하기 위해 도입한 일자리안정자금은 근로자가 아닌 회사에 지급하는 한시적 보조금으로서, 일자리안정자금을 수반한 최저임금 인상은 지속가능하지 않으므로 출구전략이 필요하다.

가 순조롭게 이루어질 수 있으며, 섣부른 소자본 창업이 억제되기 때문이다. 실업보험이 급여의 수준과 수급기간 면에서 실질적인 안전장치 역할을 하게 되면 실직에 대한 두려움이 완화되고 유보임금도 올라가게 된다. 물론 실업보험제도를 관대하게 개편하면 실업률이 상승할 가능성이 있으나 긴 안목에서 이에 개의치 않는 것이 바람직한데, 개별 경제주체 입장에서는 소득의 안정, 경제 전체적으로는 자동안정화 기능의 작동이 실업률 수치보다 더 중요하기 때문이다.

관대한 실업보험은 구조적으로 총수요를 유지하는 장치로 작동한다. 경기가 나빠져 실업률이 올라가면 실업급여가 증가하므로 자동적으로 총수요가 어느 정도 유지된다. 무엇보다 실업자에 대해 적절한 기간 동안 생계를 위한 최소한의 유동성을 공급해 주는 것은 선진국 정부의 중요한 책무이다. 실업급여의 지급 기간을 현행보다 적어도 2개월 이상 연장하는 것이 바람직하다. 2018년 개정안에 따르면 급여 지급 기간을 3~8개월에서 4~9개월로 1개월 연장하였으나, 급여 대체율 60%는 유지하되 2개월 더 연장하여 4~11개월로 확장하는 것이 바람직하다. 또한 자동안정화 기능을 한층 더 강화하기 위해 실업급여의 지급액과 지급 기간을 경기 상황에 연동하는 방법도 검토할 필요가 있다. 또한 현 시점에서는 청년에 대하여 차별적으로 실업보험제도를 개편할 필요가 있다. 즉, 청년 및 중소기업 친화적인 실업보험제도가 중요하다. 특히 중소제조업에 재직한 경력에 대해서는 가산점을 부여하여 청년들의 중소제조업 취업을 유인할 필요가 있다. 사실 앞으로 청년인구 감소에 의해 제조업 기반이 급속히 무너질 가능성을 배제할 수 없으므로 산업정책적 관점도 함께 고려해야 한다.[5]

---

5) 베이비부머의 은퇴가 마무리되기 전까지 청년을 대상으로 한정한 실업부조제도를 한시적

근로장려세제는 소득주도성장의 보완 장치로서 빈곤 축소, 소득 안정화, 고용률 제고에 기여하는 생산적 복지이므로 정교하게 발전시킬 필요가 있다. 궁극적으로는 최저임금의 인상 속도를 명목GDP성장률(+α) 정도에 맞춰나가면서[6] 근로장려세제로 저소득층의 소득보장을 강화하고, 실업보험으로 중간층 이하 대다수 근로자의 소득을 안정화하는 단단한 메커니즘이 작동해야 한다. 그 밖에 빈곤 탈출을 위한 자활 사업도 확대할 필요가 있고, 기술혁신에 의해 시장이 만드는 일자리가 줄어드는 추세 속에서는 공공근로의 범위를 확대하는 것도 불가피한 선택이 될 것이다. 아직은 고용률이 주요 선진국에 비해 낮은 편이므로, 고용률이 일정한 수준으로 올라가기 전까지는 '기본소득' 개념보다는 '참여소득' 개념이 더 중요해 보인다.

공공부문 취업자 비중이 지금보다 확대될 필요가 있다. 증세를 통해 구조적으로 공공부문의 비중을 확장하는 것은 성숙한 자본주의가 장기침체에 빠질 위험을 축소하고, 소득이 원활하게 순환하는 복지국가를 건설하는 데 매우 중요하다. 다만, 공공부문을 어느 정도까지 확장하는가는 국민적 합의가 필요하고, 공공부문 조직운영의 효율성과 공정성이 개선되고 있다는 믿음을 주어야 할 것이다. 그런데 유의할 점은 기존 정규직 근로자의 급여를 예전과 같은 속도로 인상하면서 동시에 일자리를 늘리고 또 정규직 전환 정책을 추진하면 비판적 시각에 직면할 가능성이 크다는 것이다. 차제에 공공기관의 급여체계를 연공·서열급에서 연공·직무 혼합급으로 전환하는 개혁이 필요하며, 공공기관부터 일자리나누기를 통해 모범 사례를 보여주어야 한다. 기존 정규직 근로자의 임금을 적절히 조절하면서, 추가로 의료·보건·교육·환경·안전

으로 실시할 필요가 있다.

6) 임금주도성장을 지지하는 포스트케인지언들도 대체로 이 정도의 인상을 염두에 두고 최저임금 인상을 주장하고 있다.

분야 중심으로 공공적 성격의 일자리를 늘려나가는 것은 소득주도성장을 위해 대단히 중요한 정책이 될 것이다.

(2) 금융 경로 및 낙수경로 유도

경제민주화, 동반성장, 포용성장, 소득주도성장에 이르기까지 그동안 경제 패러다임의 전환을 주문했던 각종 담론들은 모두 낙수효과의 실종을 절감하는 과정에서 등장하였다. 그러나 낙수효과의 실종을 기정사실화하는 것은 성급하다. 현실적으로 분수효과가 낙수효과를 완전히 대체하기는 어렵다. 따라서 낙수효과를 유도하거나 강제하는 전략도 병행되어야 한다. 소득주도성장을 위해서는 노동소득 분배율의 개선이 필요한데, 이를 위해서는 분수효과와 낙수효과가 동시에 작동해야 한다.

새 정부가 기업소득의 환류를 유도하기 위해 도입한 '투자·상생협력촉진세제'를 계속 중시할 필요가 있으며, 시행 과정에서 발전 보완되어야 한다. 다만, 3000억 원 초과분의 기업소득에 대해서는 적용을 면제하므로 실제로 환류 효과가 얼마나 클지는 불확실한데, 강력한 환류 효과를 유발하기 위해서는 예외 없이 적용하는 것이 바람직하다. 이는 3000억 원 초과분에 대해 법인세 최고세율을 인상한 것과 관련이 있으나, 이 세제는 세금을 더 걷을 목적으로 도입한 것이 아니고 법인 내부의 소득을 외부로 환류하여 소비와 투자를 촉진하는 것이 목적이므로 면제 구간을 두는 것은 바람직하지 않다.

현재의 투자·상생협력촉진세제에서는 기업이 다음 (A)방식 또는 (B)방식 중 하나를 선택하도록 되어 있다.

(A) [당기소득 × α% - (투자+임금 증가+상생*)] × 세율(20%)

(B) [당기소득 × β% - (임금 증가+상생*)] × 세율(20%)

〈표 2-1〉 임금 증가에 대한 가중치

상시근로자가 증가하지 않은 경우	상시근로자가 증가한 경우			
기존 상시근로자	기존 상시근로자	신규 상시근로자	청년정규직이 증가한 경우	정규직전환자가 있는 경우 (청년정규직 제외)
임금 증가×1.0	임금 증가×1.5	임금 증가×2.0	추가 가중치	
			청년정규직 근로자의 임금 증가×1	정규직전환자 임금 증가×1

$60 \leq \alpha \leq 80$, $10 \leq \beta \leq 20$(세부 기준율은 시행령에 규정)

* 상생협력재단 출연금, 협력 중소기업 신용보증기금 출연금 등.

현재 투자포함형(투자액을 포함해 세금을 계산하는 방식) α=65, 투자제외형(투자액을 빼고 세금을 계산하는 방식) β=15로 결정되어 있으나, 이 비율을 상향 조정해야 한다.

기업소득의 환류를 유도하는 정책은 1차 분배, 즉 시장소득분배에 개입하는 정책으로, 최저임금 인상, 비정규직의 정규직화 등 기존에 강조되고 있는 정책 못지않게 중시되어야 한다. 새 정부는 지난 1년 동안 사실상 '노동 경로'에 치중하였다. 기업소득의 환류 혹은 '금융 경로'에도 주목할 필요가 있는데, 특히 최근 기업의 과다한 현금 보유가 여러 측면에서 이슈가 되고 있는 점을 감안하면, 투자나 배당 지급 등을 통해 현금이 기업 외부 또는 투자자나 소액주주 등에게 적절히 환류하면 경기 진작과 소비 증대 및 경제성장에 도움이 될 것이다. 즉, 기업 이익의 처분이 투자자 및 (소액)주주들의 소득을 증대시키는 경로를 통해 소득주도성장에 기여할 수 있는 방안을 모색할 수 있다.[7)]

금융 경로를 겨냥한 정책의 하나로 자사주 매입 억제를 들 수 있다. 결론부터 말하면 기업의 자사주 매입 확대는 소득주도성장의 취지에 어긋난다. 투자와 배당에 비해 환류 효과가 작은데다 경영권 방어용으로 사용되는 경우가 많기 때문이다. 배당의 경우 배당소득세가 납부되는데다 배당소득에서 적지 않은 소비가 발생하는 반면, 자사주 매입의 경우에는 그렇지 않다.[8)]

현행법상 자사주 관련 규정은 경제민주화 정신에도 위배된다. 이명박 정부 시절에 개정된 상법에 따라 자사주의 처분은 이사회 의결만으로 가능하므로, 신주 발행이 주주총회 의결을 요하는 것과 형평에 맞지 않다. 자사주의 처분은 신주 발행과 마찬가지로 주식을 통한 외부자금 조달 수단이라는 점에서 경제적 실질이 같기 때문이다. 한국의 대기업 집단은 작은 지분으로 이사회를 사실상 통제하고 있으므로, 이사회 결의에 의한 자사주 처분은 일반 및 소액투자자의 권리와 이익을 침해한다. 자사주 매입 규모가 늘어나고, 또한 그것이 경영권 방어나 소유지배구조 개편 목적으로 빈번하게 활용되면 정보의 비대칭 문제를 심화시켜 주식가격에도 부정적으로 작용할 것이다.

한편, 하청기업에 대한 갑질을 억제해야 시장소득분배가 근본적으로 개선될 수 있다. 영업이익률은 높은데 하청기업 의존도(예를 들어 '하위구매액/상위납품액'으로 정의)가 높고 해당 기업 평균임금과 하청기업 평균임금의 격차가 과도한 경우에는 법인세를 추가 과세하는 등 강력한 조치를 도입할 필요가 있다.

---

7) 스티글리츠는 경제구조의 대전환을 위해 기업소득의 정상적인 환류가 매우 중요한 과제임을 주장하고 있다. 그는 다음과 같이 '임금분배율세(wage share tax)' 도입이 필요하다는 견해를 밝히고 있다. A "wage share" tax to encourage firms to increase the share of their revenues they pay out to workers(for instance, increasing the profit tax rate if the wage share, appropriately defined, is decreased)(Stiglitz, 2017).

8) 자사주 매입 제한을 위해서는 입법이 필요하며, 스튜어드십 코드에 의해 억제를 유도하는 과정이 병행되어야 한다. 물론 배당성향을 높이도록 유도하되, 배당 확대를 위해 세제 혜택까지 부여하는 것은 바람직하지 않다.

부동산시장과 주식시장 간의 불균형도 소득주도성장 추구에 장애요인으로 작용하고 있다. 가계 포트폴리오에서 부동산이 차지하는 비중은 80%에 육박하며, 반면에 가계의 주식시장 참여율은 매우 낮은 상태이다. 부동산 위주의 가계 포트폴리오는 가계부채 문제의 가장 근본 원인이며, 가계소비 부족의 원인이기도 하다. 그런데 가계부채의 증가는 신용도가 높은 차주(고소득·고자산가)와 안정적 이자수익을 추구하는 은행의 이해가 맞아떨어지면서 지난 20여 년 간 급속하게 진행된 현상으로, 한국에서 자산불평등과 소득불평등을 증폭시키는 가장 중요한 금융 요인이다. 만약 가계부채 증가세를 제어하고 부동산시장의 안정을 정착시키기는 과제가 진정으로 중요하다면, 고소득·고자산가에 대한 대출 규제를 한층 더 강화하는 방식으로 대처해야 한다. 이는 보유세 강화 못지않게 중요하다. 소득세에 누진성을 도입하는 취지와 부합하게 부동산 담보대출 한도 비율에는 역진성을 도입해야 한다.

〈표 2-2〉 중기재정계획상의 조세부담률과 국가채무 비율

		2017년	2018년	2019년	2020년	2021년	2022년
실현	조세부담률	20.0	21.2	-	-	-	-
	국가채무 비율	38.2	38.2	-	-	-	-
「2017~2021년 **국가재정운용계획**」, **대한민국정부**, 2017.10.							
계획	조세부담률	19.3	19.6	19.6	19.9	19.9	-
	국가채무 비율	39.7	39.6	39.9	40.3	40.4	-
「2018~2022년 **국가재정운용계획**」, **대한민국정부**, 2018.10.							
계획	조세부담률	-	19.2	20.3	20.4	20.4	20.4
	국가채무 비율	-	39.5	39.4	40.2	40.9	41.6

(3) 재정 경로: 증세와 확장적 재정정책

만약 한국 경제가 자본축적이 여지가 많이 남아 있고 인구도 적절히 증가하고 있다면, 위에서 언급한 정책 정도만으로 성장, 고용, 분배의 조화 문제를 어느 정도 해결할 수 있을지 모르지만, 인구의 정체와 감소에 의한 구조적 침체 문제는 이 정도의 정책만으로는 해결이 쉽지 않을 것이다. (생산가능)인구의 감소는 대부분 고령화와 함께 진행되는데, 그렇게 되면 소소한 개인 서비스 수요만 증가할 뿐이고 과감한 대규모 투자 대신 자본을 절약하는 기법만 중시될 것이다. 기술혁신이 돌파구가 될 수 있지만 이미 독점화된 경제조직에서 파격적인 기술이 도입되기 쉽지 않다. 인구 감소와 함께 투자는 위축되고 사람들은 고령화에 대비해 저축을 늘리며, 저축이 투자를 상회하는 만성적인 수요 부족 사태가 고착된다. 이미 실질이자율이 영(0)에 근접한 상태임에도 불구하고 저축률이 투자율을 크게 초과하고 있다. 인구 감소의 시기를 견뎌내려면 어떻게 해서든지 사회 전체의 지출 성향을 높게 유지해야 하는데, 정부가 추진할 수 있는 것은 결국 공공투자와 정부 소비이다. 소득주도성장은 곧 내수 성장이다. 내수 확대를 위해서는 재정정책이 필수적이다.

지난 3년간 세수 호조로 재정 여력이 확대된 상태이다. 실제로 2016년부터 2018년까지 3년 연속 국세 수입이 대폭 증가하였다. 이러한 점에서 기획재정부의 중기재정계획은 신뢰성을 잃어가고 있다. 기획재정부의 속성상 보수적인 재정 운용을 고수하려는 의지는 이해할 만하지만, 세수 예측 오차가 너무 크게 발생하고 있으며 소득주도성장 기조에 상응하는 재정정책이 뒤따르지 못하고 있다.

현재 한국의 국가채무(D1 기준)는 GDP 대비 38%대 수준을 유지하고 있다 (2014년 35.9%, 2015년 37.8%, 2016~2018년 연속 38.2%). 일반정부 부채(D2 기준)는 GDP 대비 40%대 초반이며 OECD 국가의 평균 수준에 비해 현저히 낮은 상태이다.[9] 재정 확대를 위해 점진적인 증세가 필요하지만, 이자율이 성장률보다 낮은 상태가 지속되고 있기 때문에 재정적자가 곧 정부부채 비율의 증가로 이어지지는 않는다는 점을 이해할 필요가 있다. 또한 정부부채는 외채와 다르다는 점도 인식해야 한다. 정부부채에 대해 너무 안이한 인식도 문제지만 지나친 공포심도 경계해야 한다.[10]

점진적인 증세와 함께 그 규모를 뛰어넘는 정부지출이 필요하다. 재정건전성을 엄격히 유지하면서 인구 감소의 역풍을 막을 묘수는 없다. 다행스러운 것은 오랜 기간 이자율(r)이 경제성장률(g)보다 낮은 상태가 유지되고 있기 때문에 재정적자가 그대로 모두 국가부채 비율의 증가로 이어지지는 않는다는 점이다. 금리 하향 추세가 이어지고 있으므로 적자재정에 대한 막연한 두려움에서 벗어날 필요가 있다.

재정정책은 이자율이 낮을 때 더 유효하며, 현재의 국가부채 수준으로 보아도 재정 여력이 충분하다. 이자율이 높을 때보다 지금과 같이 낮을 때 재정정책이 더 효과가 크다는 것은 경제학계의 상식이다. 국가부채에 대한 오해를 불식할 필요도 있는데, 현재 한국 정부가 지고 있는 빚의 대부분은 바로 우리 국민의 여유자금에서 나온 것이다(외국인에 대한 채무는 10% 정도에 불과). 즉, 우리 국민은 여유자금을 1% 중후반 정도의 낮은 금리로 정부에 빌려주고 있는 상태인 것이다. 우리나라의 재정 여력은 OECD 국가 중 최상위 수준이며, 국제적으로 GDP 대비 국가부채 비율도 60% 정도이면 아무 문제가 없는 것으로 간주된다.

적극적인 재정정책, 특히 민생 친화적인 공공투자로 일인당 소득 3만 달러에 걸맞은 생활환경을 구축해야 한다. 인구 4천만~5천만 명이 넘는 주요 선

---

9) 일반정부 부채(2017년, GDP 대비): (한국) 42.5%, (OECD 평균) 110.9%.

10) 한국에는 국가부채 안에 외국환평형기금채권 등 금융성 부채가 있어 적자성 부채만으로는 국가부채 비율이 더 낮은 상태이다.

〈그림 2-2〉 한국 경제의 $r-g$(이자율−경제성장률)

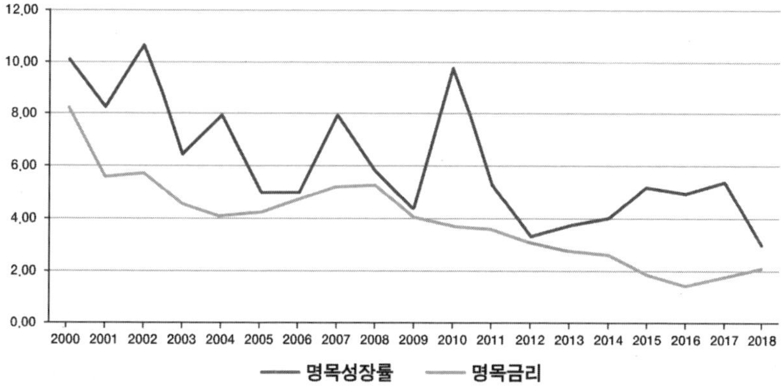

명목금리는 3년 만기 국고채 수익률. 2000~2018년 평균 $r-g$ = -2.19%

진국과 비교할 때, 한국은 수도권 집중도가 지나치게 높으므로 지역 균형발전을 겨냥한 종합적인 정책을 다시 마련해야 한다. 수도권 이외의 주요 도시가 교육기관, 공공기관, 금융기관, 의료기관, 공공편의시설 등이 밀집된 고급형 도시로 육성되어야 하며, 농어촌의 환경도 유럽의 농업선진국 수준에 근접할 정도로 개선되어야 한다. 즉, 민생 친화적인 공공투자로 일인당 소득 3만 달러에 걸맞은 지역 환경이 갖추어지도록 꾸준히 재정을 확대해 나가야 하며, 그 과정에서 일자리도 창출될 수 있을 것이다. 노인, 조기 은퇴자, 경력 단절 여성을 위한 (시간제) 일자리 창출도 재정의 도움이 필요하다.

3) 소득주도성장의 정책 프레임워크

분배와 수요를 강조하는 소득주도성장 정책이 성공하기 위해서는 정책의 외연을 확장하여야 하며, 궁극적으로 구조개혁과 (사회)혁신 등 공급을 강화

〈그림 2-3〉 소득주도성장의 정책 프레임워크와 중점 추진 정책

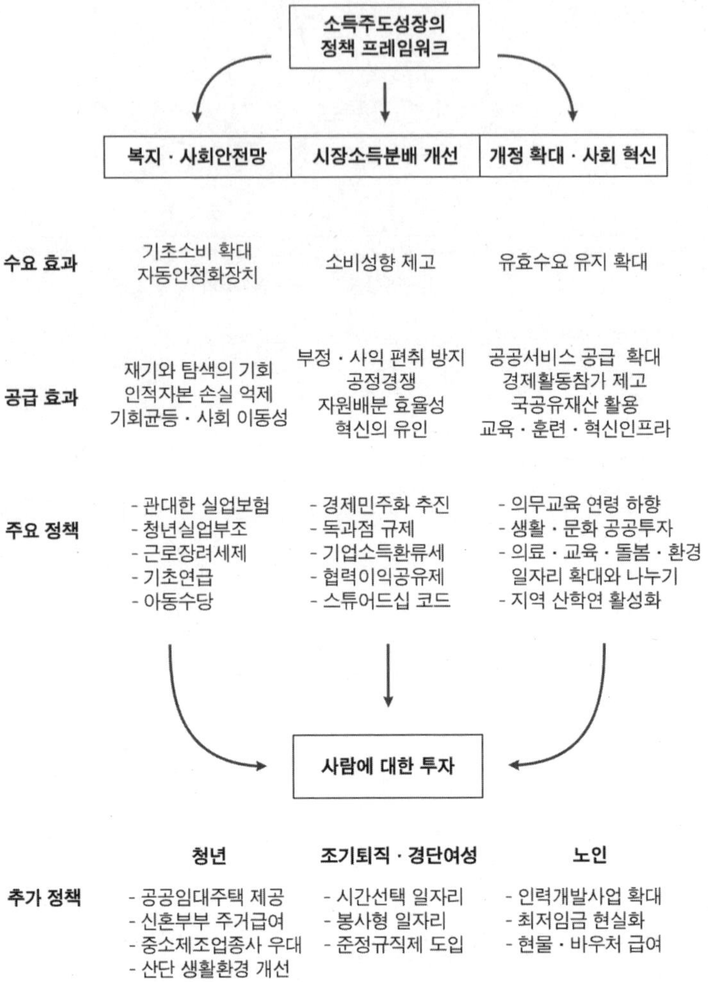

하는 정책과 조화를 이루어야 한다. 소득주도성장은 단기부양책이나 대증요법이 아니라 그동안 누적된 경제 시스템의 문제를 총체적으로 개혁하기 위한 장기 정책 방향이며 혁신성장, 공정경제와 같이 개혁적인 정책 과제이다.

성장정책이 아니라 분배정책이며 잘해야 단기부양정책에 불과하다는 비판을 잠재우고 소득주도성장 본래의 취지를 살려야 한다. 이러한 관점에서 소득주도성장 기조에서의 경제 패러다임 전환은 '사람에 대한 투자'에 집결될 필요가 있다. 구조화되어 가는 불평등 문제를 해소하고 미래의 지속성장을 위해 국가가 나서서 사람에 대한 투자에 집중하는 것이 소득주도성장의 요체라 할 수 있다. 〈그림 2-3〉에는 소득주도성장의 정책 프레임워크와 중점 추진 정책이 제시되어 있다.

'소득주도성장=최저임금 인상'이 아니듯이 소득주도성장 정책이 복지·사회안전망 강화에 그쳐서는 안 된다. 소득주도성장 정책의 특색은 시장소득분배 개선과 사회 혁신에 강조점이 두어질 때 살아난다. 시장이 작동하는 틀과 방식을 장기적으로 변화시키는 것이 중요하기 때문이다. 이러한 점에서 교육정책, 금융정책, 산업정책, 부동산정책 등 주요 정책들이 총체적으로 연계되어 추진되어야 한다. 소득주도성장이라는 성장 담론이 등장한 배경을 잊어서는 안 된다. 그 배경은 경제 패러다임 대전환에 대한 절실한 요구이다.

4) 소득주도성장 프레임에서의 혁신정책 방향

경제의 자원이 생산적이고 효율성이 높은 곳으로 원활히 이전하도록 유도하는 성장정책은 언제나 유효하다. 자원의 효율적 재배분은 어떤 정책 기조를 유지하는가에 관계없이 언제나 주의 깊게 보아야 할 과제이다. 최근 산업별 자본생산성을 분석한 결과 몇 가지 특징과 우려할 만한 징후를 발견할 수

〈그림 2-4〉 제조업과 서비스업의 자본생산성 변화(1993년=100)

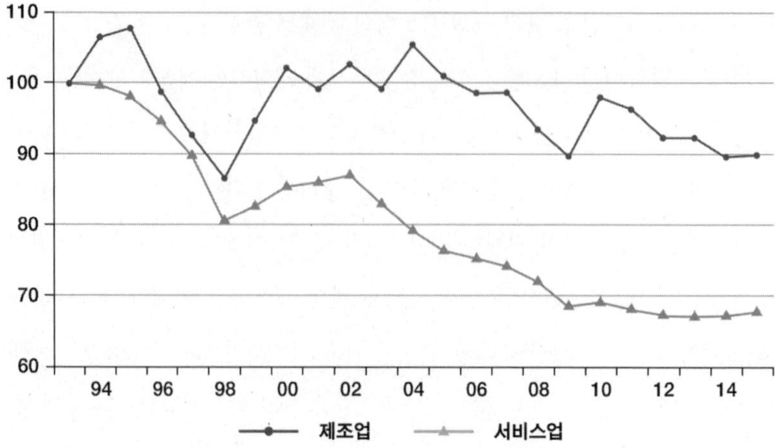

주: 자본생산성(Y/K) = 총부가가치(GVA) / 자본(K), 기간: 1993년~2015년
* 총부가가치(GVA) = 요소비용국민소득(NI) + 고정자본소모
* 자본(K, 평균) = 산업별 고정자산(건설자산+설비자산+지식재산생산물) + 산업별 재고자산
자료: 한국은행 「국민계정」과 「국민대차대조표」를 이용하여 저자 계산

있는데, 자본생산성 기준으로 평가할 때, 지난 20여 년 동안 제조업의 자본생산성은 다소 하락한 것으로, 서비스업의 자본생산성은 크게 하락한 것으로 나타나고 있다. 특히 제조업의 경우에는 2011년 이후의 하락 현상이 두드러져 보인다.

기업별 자료를 분석한 KDI의 연구(조덕상, 2017)에 의하면, 최근 우리 경제의 자원배분 효율성이 빠르게 하락하면서 전체 기업의 총생산성 증가율이 낮아지고 있다. 생산성이 낮은 기업에 과다한 자원이 배분되고 생산성이 높은 기업에 과소한 자원이 배분되고 있으며, 특히 2011년 이후 기업 간 자원배분 효율성의 하락은 주로 대규모 기업집단 소속 기업에서 목격되고 있다. 집단기업은 기술 수준은 높지만 자본을 과도하게 점유함으로써 자원배분의 효율성에 부정적 영향을 미치고 있으며, 집단기업은 독립기업에 비해 낮은 퇴출률을 보인다. 이는 생산성이 낮은 대규모 집단기업의 퇴출이 지연되면서 자원배분 효율성을 하락시키고 있을 가능성을 시사한다.

지속가능한 성장을 위해서는 몇몇 첨단산업을 선별하여 집중 육성하는 정책도 필요하지만, 근본적으로는 자원배분의 효율성을 제고하는 것이 선행되어야 한다. 특히 기업집단 내부의 그릇된 자원배분 가능성을 차단하고, 소유지배구조에 따른 자본 격차를 해소하는 것이 무엇보다 중요하다. 자원의 재배분이 원활하게 이루어지지 않는 구조적 문제를 타개하기 위해서는, 우선 정부나 정치권이 개입하지 않는 상시적 기업 구조조정 과정이 작동하여야 하며 정부도 산업정책을 설계하는 데 있어 단순히 기술을 중심으로 선택적으로 집중 육성하던 종래의 방식을 재고해야 한다.

새 정부가 강조하는 혁신성장의 개념을 다시 짚어볼 필요가 있다. 혁신성장은, 적어도 개념적으로는, 자원의 효율적 배분 과정은 정상적으로 작동하고 있지만 그것만으로 추가적인 성장 기회가 충분하지 않을 때 창의성을 발휘하면서 한계를 돌파해 나가는 전략이다. 생산성이 낮은 곳에서 생산성이 높은 곳으로 자본이 흘러가지 않고 비효율적으로 배치되어 있는 구조적 문제를 먼저 치유하지 않고, 그저 혁신을 외치거나 몇몇 선도 산업을 정부가 도와주는 것만으로는 혁신성장이 불가능하다. 자본이 생산성이 낮은 곳에서 높은 곳으로 흐르지 못하는 경화현상을 치유하는 것이야말로 혁신성장의 첫걸음이다. 혁신성장을 강조하더라도, 혁신을 강조하는 전략이 대기업 지원 위주의 이윤주도 성장론으로 되돌아가는 것은 경계해야 한다.

혁신이 성공하기 조건을 냉철하게 따져볼 필요가 있다. 진정한 혁신은, 무언가를 개선하는 정도에 머무르는 것이 아니라 기존의 방식과 질서를 부정하고 파괴하는 과정을 수반한다. 새로운 혁신은 옛 기술을 대체하는 창조적 파괴이자 구기술·구체제와 신기술·신체제 간 갈등의 과정이며, 새로운 경쟁자들의 진입을 저지하려는 기존 기업의 저항을 수반한다. 여기서 국가가 정책적으로 해야 할 일은, 혁신을 방해하고 저지하는 기득권을 제어하고 많은 사람들에게 혁신의 공간을 열어주는 것이다. 한때는 성장의 견인차였지만 관행적으로 확장 세습되는 재벌 대기업은 혁신의 공간을 빼앗고 있다. 사실 재벌만 문제가 아니며 사회 전반에 갑을관계가 고착되어 있다. 능력 있고 선량한 사람들이 비좁은 공간으로 내몰리고 있으므로 이들에게 숨 쉴 수 있는 공간, 꿈을 꿀 수 있는 공간, 혁신의 공간을 열어주어야 한다.

경제력 집중을 완화하는 것은 물론 경직적이고 권위적인 사회시스템 전반을 개혁해야 한다. 경제정의를 세우고 공정한 시스템을 만드는 데 매진해야 하며, 새로운 시대를 짊어지고 나갈 젊은이들에게 혁신의 공간, 성장의 공간을 열어주어야 한다. 답답한 틀 안에서의 경쟁이 아니라 자율, 창의, 대담한 도전에서 나오는 창조적 혁신을 독려해야 한다. 실패를 두려워하지 않고 새로운 영역에 도전할 수 있게 하기 위해서는, 단지 경쟁심을 부추기는 차원에 머무르지 말고 정부가 나서 혁신 네트워크를 조성하는 동시에 사회안전망을 충분히 제공해야 한다. 진정한 혁신이 무엇이고 국가가 해야 할 일이 무엇인지 생각해 보면, 현 단계에서 중점 성장전략으로 등장한 소득주도성장이 혁신성장과 모순을 일으킬 이유가 없다.

최근에는 세계적으로도 산업정책에 패러다임의 변화가 일어나고 있다. 전통적으로 산업정책은 동아시아 발전국가의 전유물로 인식되었지만 2008년 글로벌 금융위기 이후 미국, EU 등 서구 선진국은 제조업 고용과 성장 동력을 확보하기 위해 과거와는 다른 유형의 산업정책을 모색하고 있다. 다양한 경제주체들의 참여를 이끌어내고 문제해결형 혁신을 도모하기 위해 산업정책 패러다임이 '선별과 지원'에서 '매칭'으로 변화하고 있다. 즉, 경제주체들의 자기 발견 과정으로서 네트워크 형성과 학습을 강조하는 것이다.

혁신정책에 대한 반성이 필요하다. 혁신의 명분과 당위성이 있다는 이유로 방만하게 혁신 정책을 설계하고, 형식적이고 정량적으로 평가하는 관행에서 벗어나지 못하고 있다. 특정 산업을 골라 전략적으로 육성하는 전통적인 산업정책에서 벗어나야 한다. 당장 잘 될 산업 몇 개를 골라 지원하는 데 그쳐서는 안 된다. 창조적 혁신 활동을 위한 인프라를 구축하고, 운영을 지원하는 것이 혁신의 장기 효과를 극대화하는 길이다. '혁신 네트워크' 혹은 '개방형 혁신' 개념이 중요하다. 창조적 혁신 활동은 주로 기업 차원에서 이루어지지만, 인프라와 활동 여건의 조성은 정부가 나서서 제공해야 한다. 정부, 지자체, 공공부문이 우선적으로 해야 할 일은 혁신 플랫폼 혹은 혁신 네트워크의 구축이다. 창조적 혁신은 하향식도 아니고 상향식도 아닌 지속가능한 어떤 형태를 필요로 하는데, 무엇보다 한국 특유의 권위주의적 질서에서 벗어나려는 노력이 절실하다. 공공부문부터 권위적인 조직문화를 파괴하는 지속적인 노력이 필요하며, 혁신 관련 정책을 추진할 때에는 이해당사자의 참여 및 충분한 대화를 통해 혁신의 과정을 합리적으로 조정해 나가는 것이 중요하다.

정부가 산업정책 차원에서 창조적 혁신을 제고하기 위해서는, 특히 교육·과학기술·중소기업 정책을 유기적으로 연결해야 한다. 목표 달성 위주의 하향식 정책 추진보다는 기업, 상공회의소, 연합회, 노동계, 학계, 연구소 간의 꾸준한 대화 및 조정이 필요하다. 혁신 과정을 기획, 조정, 관리하는 부서가 주축이 되어 다양한 이해당사자가 만날 수 있도록 하고 실태를 파악하는 것이 중요하며, 혁신 조성자로서의 정부의 역할 재정립해야 한다. 예를 들어 중소기업·대학·연구소·지자체를 엮은 R&D 클러스터의 경우에는 이러한 조정 역할이 매우 중요하다. 일자리 문제 해결에 적극적 노동시장정책이 중요하듯이, 창조적 혁신을 추동하기 위해서는 '적극적 산학연 협력정책'이 필요하다. 정부가 할 일은 혁신 네트워크에 속한 이해당사자들에 대해 충분한 정보를 제공하고 확산시키며 서로 교류할 수 있도록 돕는 것이다. 혁신은 교류에서 나온다. 정부는 교류의 과정을 관찰하면서 애로 사항을 해소하는 적극적인 노력을 기울여야 한다. 혁신 네트워크의 적용 범위는 실로 다양할 것이며, 일반적인 산업 분야를 넘어 교육, 문화, 예술, 의료 부문까지 광범위하게 적용될 수 있을 것이다.

4. 결론

이 글에서는 소득주도성장의 취지에 맞는 다양한 정책을 개발하고 외연을 확장할 필요가 있다는 인식하에 소득주도성장의 정책 프레임워크를 제시하고자 하였다. 소득주도성장이 성장 담론에서 차지하는 위치를 점검하고, 소득주도성장의 주요 경로를 노동, 금융, 재정으로 구분하였으며 각 경로를 강화하기 위한 정책 대안들을 제시하였다. 특히 지난 2년 동안의 정책이 노동 경로에만 치중하였다는 점을 지적하고, 독과점 규제, 경제민주화 과제의 지속적 추진, 기업소득 환류세제의 정교화, 대중소기업 협력이익공유제의 정착, 스튜어드십 코드 활용 등도 소득주도성장 추진을 위해 중요한 과제임을 주장하였다. 그 밖에 공교육 강화, 생활·문화 공공투자, 의료·교육·돌봄·환경 분야의 일자리 확대와 나누기도 강조하였다.

소득주도성장 정책은 분배의 교정과 유효수요의 확대에 중점을 두는 것이 사실이지만, 경제 패러다임 전환에 성공하기 위해서는 공급 측면에서의 구조개혁도 중요하다. 생산성이 낮은 곳에서 생산성이 높은 곳으로 자원이 원활하게 흘러가도록 하는 자원의 효율적 배분도 중요한 과제이기 때문이다. 문재인 정부가 강조하는 혁신성장의 첫걸음도 생산성이 낮은 곳에서 높은 곳으로 흐르지 못하는 경화현상을 치유하는 데 중점을 두어야 한다. 따라서 혁신성장을 강조하더라도, 자칫 대기업 지원 위주의 이윤주도 성장으로 되돌아가는 것을 경계해야 한다.

혁신에 대한 개념은 매우 다양하기 때문에 소득주도성장 기조와 양립 가능한 혁신정책 방향을 설정하는 것이 중요하다. 다시 말하지만 진정한 혁신은, 무언가를 개선하는 정도에 머무르는 것이 아니라 기존의 방식과 질서를 부정하고 파괴하는 과정을 수반한다. 이러한 관점에서 혁신을 방해하고 저지하는 기득권을 제어하고 많은 사람들에게 혁신의 공간을 열어주는 국가의 역할이 필요하다. 혁신성장이라는 구호 아래 단기적이고 가시적인 성과에 급급하여 선성장·후분배 논리로 되돌아가는 것을 경계해야 한다.

소득주도성장론의 등장을 계기로, 불평등을 축소하기 위한 정책적 노력이 자원의 낭비가 아니라 장기적 성장으로 이어진다는 확신을 가질 필요가 있다. 불평등과 불공정을 교정하는 개혁 과제를 하나하나 차근차근 실천해 나감으로써 경제구조를 개선하고 개개인의 삶의 질을 높여나가는 것이 중요하다. 경제구조의 개혁과 정책 패러다임의 전환이라는 큰 틀은 계속 유지되어야 한다.

참고문헌

이상헌. 2014. 「소득주도성장: 이론적 가능성과 정책적 함의」. ≪사회경제평론≫, 제43호, 67~99쪽.

전수민·주상영. 2016. 「한국의 기능적 분배와 총수요: 단일방정식 접근」. ≪사회경제평론≫, 제51호, 1~25쪽.

조덕상. 2017. 「우리 경제의 역동성: 기업집단으로의 경제력 집중을 중심으로」. 한국개발연구원 정책연구시리즈 2017-14.

주상영. 2012. 「진보적 성장담론의 현황과 평가」. ≪사회경제평론≫, 제41호, 7-46.

_____. 2017a. 「소득주도성장론에 대한 비판과 반비판」. ≪사회경제평론≫, 제54호, 1~36쪽.

_____. 2017b. 「한국의 소득주도성장: 여건 분석 및 정책적 논의」. ≪예산정책연구≫, 6(2), 117~149쪽.

홍장표. 2015. 「소득주도 성장과 중소기업의 역할」. 『한국경제의 새로운 지향과 발전 전략』. 서울사회경제연구소 제22차 심포지엄 발표 자료집.

Arrow, K. 1962. "The Economic Implications of Learning by Doing." *The Review of Economic Studies*, Vol. 29, No. 3, pp.155~173.

Bhaduri, A. and Marglin, S. 1990. "Unemployment and the Real Wage: The Economic Basis for Contesting Political Ideologies." *Cambridge Journal of Economics*, Vo1.14, No.4, pp.375~393.

Blanchard, Olivier. 2019. "Public Debt and Low Interest Rates." *American Economic Review*, vol.109, no.4, pp.1197~1229.

Blecker, R.A. 2016. "Wage led versus profit-led demand regimes: the long and the short of it." *Review of Keynesian Economics*, 4(4), pp.373~390.

Gordon, Robert J. 2015. "Secular Stagnation: A Supply-Side View." *American Economic Review: Papers & Proceedings*, February 2015.

ILO, IMF, OECD and World Bank Group. 2015. "Income inequality and labour income share in G20 countries: Trends, impacts and causes." "Report for the G20 Labour and Employment Ministerial Meeting(September 2015, Ankara).

Kakwani, Nanak. and Pernia, Ernesto M. 2000. "What is Pro-poor Growth?." *Asian Development Review*.

Kaldor N. 1961. "Capital Accumulation and Economic Growth." In F. A. Lutz and D. C. Hague(eds.) *The Theory of Capital*, *International Economic Association Series*,

London: Palgrave Macmillan. pp.177~228.

Mazzucato, M. 2015. "Innovation systems: from fixing market failures to creating markets." *Intereconomics*, 50(3). pp.120~125.

Onaran, Ö. and T. Obst. 2016. "Wage-led growth in the EU15 member states: the effects of income distribution on growth, investment, trade balance, and inflation." *Cambridge Journal of Economics*, 40(6), November, pp.1517~1551.

Ostroy, J. D. Berg, A. and Tsangarides, C.G.. 2014. "Redistribution, Inequality, and Growth, IMF Staff Discussion Note, 14/02." International Monetary Fund.

Piketty, Thomas. 2014. *Capital in the twenty-first century.* Cambridge: Harvard University Press.

Rowthorn, R. 1981. "Demand, Real Wages, and Economic Growth." *Thames Papers in Political Economy, Autumn*. pp.1~39.

Stiglitz, Joseph, 2017, "The Coming Great Transformation." *Journal of Policy Modeling*, Vol.39(4), pp.625~638.

Summers, Laurence H. 2014. "Reflections on the New Secular Stagnation Hypothesis." in Teulings and Baldwin.

제3장

문재인 정부의 혁신성장 정책에 관한 비판적 고찰*

박규호 | 한신대학교 경영학과 부교수

1. 들어가며

대외적으로는 세계경제의 성장이 둔화되고 한국이 직면한 대외적인 위치가 불안정해지며, 내부적으로는 저성장 추세로의 전환, 고령화의 추세, 소득불균등의 악화라는 쉽지 않은 문제에 닥치면서 한국 경제는 기존의 추격형 성장이 아니라 풍부한 혁신활동에 기초한 혁신적 성장이 불가피한 상황에 놓이게 되었다. 이렇게 어려운 상황에서 출범한 문재인 정부는 소득주도성장, 공정경제, 혁신성장 등 세 가지 의제를 제시하면서 혁신성장을 중요한 한 축으로 설정하고 관련 정책을 입안, 시행하기에 이른다. 혁신성장이 중요한 한 축으로 자리 잡았다는 점에서는 긍정적이지만, 다만 그 방식이 기존 정책과 달라지지 않는다면 이전 정부에서처럼 수사(rhetoric)에서 머무를 여지도 많다는

* 이 글은 박규호, 「생태계적 관점에서 본 한국경제의 혁신 활성화 여건에 관한 고찰」, ≪동향과전망≫, 101호(2017)와 박규호, 「지속적 혁신성장의 길」, 『2019 한국경제 대전망』(북21, 2018)을 바탕으로 한 것임.

점에서 한계를 갖는다.

이 글은 한국 사회가 처한 어려움이 조금이나마 완화될 수 있도록 정책의 발본적 개선을 바라면서 문재인 정부의 혁신성장정책을 비판적으로 고찰하고자 한다. 크게 문재인 정부의 혁신성장정책의 전반적인 흐름이 갖는 표면적인 특징을 바탕으로 혁신성장정책을 내재적 측면과 효과성 측면으로 구분하여 고찰하고자 한다. 내재적 측면에서는 문재인 정부의 혁신성장정책 자체의 내재적 문제점을 다루고 효과성 측면에서는 한국의 객관적인 현실에 비추어 문재인 정부의 정책이 가질 수 있는 한계를 다룬다. 이를 위해서 개념적인 평가 준거로서 혁신이 무엇인가라는 문제를 다음 절에서 먼저 정리한다.

2. 혁신과 혁신성장

슘페터가 혁신의 중요성을 언급한 이후에 혁신의 개념이 널리 확산되었는데 혁신 연구(innovation studies)에서는 주로 제품혁신이나 공정혁신과 같은 기술혁신에 초점이 맞추어지다가 최근에는 비기술혁신이나 혁신 전반을 아우르는 비즈니스 모델혁신 등으로 혁신의 단위와 대상이 확대되고 있다. 여기에서는 혁신 연구의 관점에서 혁신 개념을 간략히 검토하여 이후 문재인 정부의 혁신성장정책에 대한 평가의 준거로 삼고자 한다.

혁신이란 시장과 사람들이 직면한 문제에 상업적이거나 비상업적으로 새로운 해결책을 내놓는 것이다. 즉 기존에 해결되지 못한 문제를 가진 구매력 있는 시장수요에 호소할 수 있는 해결책을 내놓거나 사회가 직면한 제반 문제에 대한 해결책을 제공하여 사회가 부담해야 하는 비용을 축소시키거나 삶의 질을 올리는 것이다. 결과적으로 혁신이란 국내외 시장과 사회에 제공하는

가치 창출에 성공하는 것이다.

그렇다면 풍부한 혁신활동에 기초한 안정적인 성장이라 할 수 있는 '혁신적 성장'이란 이렇게 문제를 해결하려는 일련의 혁신활동을 의욕적으로 추진하는 조직이나 집단으로 자원이 배치되고 이들에게 자원이 지속적으로 흘러가며 이들의 혁신활동을 고양할 수 있도록 사회 전반적으로 여건과 인센티브 구조가 자리 잡을 때 비로소 가능해진다. 나아가 이들 조직을 연계하는 생태계가 조성되고 활성화될수록 이들이 수행하는 혁신활동의 질적 수준은 제고되고 혁신 성과는 높아질 수 있다. 혁신적 성장은 이상의 구조가 안정적으로 구축되고 안정적으로 작동하면서 가능해지는 것이다.

간략히 표현하자면, 혁신성장은 안정적이고 역동적인 생태계를 기반으로 시장수요 및 사회적 문제를 대상으로 한 세심한 상업화(부가가치화)를 통해서 가능할 수 있으며, 이는 혁신 주체의 지속적인 도전과 실패로부터의 학습을 통해 구현될 수 있다. 이러한 관점에서 볼 때 그동안 주로 국내외시장에서 이미 자리를 잡은 해결책을 구현하는 데 주력했던 추격형 방식은 한계가 있을 수밖에 없고 결국 기존에 한국 경제가 익숙했던 패러다임으로부터의 탈각 내지는 변경을 불가피하게 동반할 수밖에 없다.

이하에서는 이러한 혁신 및 혁신성장의 개념으로부터 문재인 정부의 혁신성장정책에 대한 비판적 고찰을 시도하고자 한다.

3. 혁신성장정책의 흐름: 전통적 비즈니스와 혁신적 비즈니스의 혼합?

문재인 정부는 2017년 7월 '새정부의 경제정책 방향: 경제 패러다임의 전환'을 시발로 현재까지 혁신성장정책이란 명칭하에 다양한 정책 방안을 내놓고 있으며 〈표 3-1〉에서 간략하나마 일람할 수 있다.

〈표 3-1〉에서와 같이 문재인 정부의 혁신성장정책의 흐름은 표면적으로 세 가지 특징을 가지고 있다고 할 수 있고 실상 이러한 특성들은 서로 얽히면서 정책의 효과를 약화시킨다.

첫째, 문재인 정부의 혁신성장정책은 정부 출범 이후 혁신성장을 전면에 내세우고 있지만, 실상 정책 흐름상으로는 기존 기업에 의한 전통적 비즈니스의 활성화라는 요소와 혼재돼 있다. 혁신활동이 기존의 해법과는 다른 해법을 내놓은 것을 지향한다는 점을 감안할 때, 기존 해법의 강화 내지는 확대라는 방식과 혼재되어 있는 셈이다. 이러한 흐름은 공식적으로 핵심적인 정책 플랫폼인 경제관련장관회의가 혁신성장경제장관회의(혁신성장전략회의로 확대)와 경제활력대책회의로 엇갈려 진행되는 것으로 드러난다. 이는 혁신적 비즈니스든 전통적 비즈니스든 가리지 않고 활성화시키겠다는 정책적 의도를 드러내고 있다고 할 수 있다.

그런데, 기존 기업에 의한 전통적 비즈니스의 활성화는 단기적으로 최소한 통계적 지표나 가시적인 측면에서는 경기 활성화에 도움을 줄지도 모르지만, 기존 방식이나 해법을 강화해 새로운 방식의 등장이나 확산 즉 혁신적 활동을 억압할 가능성을 내재하고 있다는 점이 고려되고 있지 못하다는 점에서 한계가 있다. 기존 대기업에 의존할 수밖에 없는 기존 방식의 대규모 기업 투자는 단기적인 효과에 그치면서 기존 방식의 온존 내지는 강화를 통해 한국 경제의 혁신적 성장의 여건을 더욱 악화시킬 가능성이 매우 크다.

둘째, 전방위적으로 다양한 분야에서의 정책이 혁신성장정책이란 이름표로 시도하고 있다. 건설산업 혁신, 어촌 및 수산혁신, 지출혁신, 생활SOC 등이 눈에 띄는 정책이라 할 수 있다. 이들 정책들은 본래적인 의미의 혁신이라기보다는 기존 실태의 개선이나 (이명박 정부에서 사용했던) 선진화 수준으로 볼

〈표 3-1〉 문재인 정부의 주요 혁신성장정책

no	시기	제목	부처
1	17.7.25	새정부 경제정책 방향–경제 패러다임의 전환	관계부처 합동
2	17.8.2	연구 관리 전문 기관 효율화 방안	관계부처 합동
3	17.10.4	혁신성장 지원 등을 위한 공공조달 혁신방안	관계부처 합동
4	17.11.2	참여형 혁신창업 기반 구축을 위한 한국형 메이커 스페이스 확산방안	관계부처 합동
5	17.11.14	R&D과제 기획/선정/평가/보상 프로세스 혁신방안	과기정통부
6	17.11.29	뿌리산업 혁신성장 전략	관계부처 합동
7	17.12.11	혁신성장지원 등을 위한 공공조달 혁신방안	관계부처 합동
8	17.12.18	새 정부의 산업정책 방향	산업통상자원부
9	17.12.22	혁신성장 동력 추진계획	관계부처 합동
10	17.12.29	하도급거래 공정화 종합대책	공정위
11	18.1.11	코스닥시장 활성화를 통한 자본시장 혁신방안	관계부처합동
12	18.1.15	금융혁신 추진 방향	금융위원회
13	18.1.17	혁신모험펀드 조성 운영계획	관계부처 합동
14	18.2.25	혁신형 중견기업 비전 2280–중견기업 정책 혁신방안	관계부처 합동
15	18.2.7	서비스R&D추진전략(서비스산업 혁신I)	관계부처합동
16	18.2.7	혁신성장지원을 위한 정부R&D투자 혁신방안–R&D PIE 시스템 도입	관계부처합동
17	18.2.7	현장밀착형 규제혁신 추진방안	관계부처 합동
18	18.3.8	스마트공장 확산 및 고도화전략	관계부처 합동
19	18.3.20	핀테크 혁신 활성화방안	금융위원회
20	18.4.5	3개 혁신을 통한 조선산업 발전 전략(원가혁신, 기술혁신, 시스템 혁신)	관계부처 합동
21	18.4.16	중소기업의 혁신과 성장지원을 위한 중소기업 R&D 혁신방안	관계부처 합동
22	18.4.16	스마트팜 확산방안	관계부처 합동
23	18.4.16	마포 청년혁신타운 조성방안	관계부처 합동
24	18.4.16	지역주도 혁신성장을 위한 지자체 투자프로젝트 지원 방안	관계부처 합동
25	18.5.3	금융산업의 경쟁과 혁신 촉진을 위한 금융업 진입규제 개편방안	금융위/금감원
26	18.5.10	혁신성장 지원 등을 위한 국유재산 관리 개선방안	관계부처 합동

27	18.5.17	현장밀착형 혁신성장 지원 방안	관계부처 합동
28	18.5.28	혁신성장 동력 시행계획	관계부처 합동
29	18.5.30	혁신성장을 견인할 범부처 혁신성장 동력 분야의 구체적인 실천을 위한 종합계획 마련	과기정통부
30	18.6.8	전기수소차 보급 확산을 위한 정책 방향	관계부처 합동
31	18.6.28	건설산업 혁신방안—건설기술, 생산구조, 시장질서, 일자리혁신	관계부처 합동
32	18.6.28	어촌지역의 혁신성장을 주도하는 '어촌뉴딜300' 추진계획	관계부처 합동
33	18.7.4	혁신성장을 위한 규제혁신 추진방안	관계부처합동
34	18.7.18	투자유치 지원제도 개편방안	관계부처합동
35	18.8.2	공공기관 혁신성장 추진계획	관계부처합동
36	18.8.2	M&A 활성화를 위한 벤처지주회사 제도개선방안	관계부처합동
37	18.8.8	지자체 혁신성장 투자프로젝트 지원 방안	관계부처합동
38	18.8.8	지역 혁신 협력체계 구축방안	균형발전위원회
39	18.9.12	지출혁신2.0 추진 방향과 과제 확정	관계부처 합동
40	18.9.27	혁신성장과 수요자중심 외환제도 감독체계 개선방안	관계부처 합동
41	18.10.24	최근 고용·경제 상황에 따른 혁신성장과 일자리 창출 지원 방안	관계부처 합동
42	18.10.24	중소기업 경쟁력 제고를 위한 국유특허 활용 혁신방안	관계부처 합동
43	18.11.1	혁신제품 공공구매 확대방안	관계부처 합동
44	18.11.1	중소기업 온라인수출 활성화방안	관계부처 합동
45	18.12.26	혁신성장 전략투자: 4차 산업혁명 선도인재 집중양성계획	관계부처 합동
46	19.1.9	공유경제 활성화방안 (서비스산업 혁신 II)	관계부처 합동
47	19.1.16	데이터 AI경제 활성화계획	관계부처 합동
48	19.1.16	수소경제 활성화계획	관계부처 합동
49	19.1.23	지역경제 활력제고를 위한 생활SOC 및 국유재산 토지개발 선도사업 추진	관계부처합동
50	19.1.23	규제샌드박스 및 규제입증책임 전환 추진계획	관계부처합동
51	19.1.30	ICT산업 고도화 및 확산 전략	관계부처합동
52	19.2.13	혁신성장과 일자리창출을 위한 수산혁신 2030계획	관계부처합동
53	19.2.20	8대 핵심 선도사업 세부추진계획(스마트공장, 바이오헬스, 핀테크, 미래자동차, 스마트시티, 스마트팜, 에너지신산업, 드론)	관계부처합동

54	19.2.20	5G 활성화 전략적 추진계획	관계부처합동
55	19.3.6	제2벤처 붐 확산전략	관계부처합동
56	19.3.13	혁신성장을 위한 정책금융 효과성 제고방안	관계부처합동
57	19.3.27	반도체 특화클러스터 조성방안	관계부처합동
58	19.4.3	수소경제 표준화전략 로드맵	관계부처합동

자료: 혁신성장포털(https://www.moef.go.kr/pa/archiveMain.do)

수 있다. 혁신활동의 동력이 사회 전반적으로 자리 잡은 상태라면 기존의 낙후된 영역으로까지 혁신활동을 확산시키고 활성화하는 것도 필요하겠지만, 현재의 정책적 인식 수준을 감안할 때 전방위적으로 나열되는 정책은 앞서 정리한 혁신활동의 의미를 형해화시키고 혁신성장정책의 동력을 약화시키는 효과를 발휘한다는 점에서 한계를 갖는다. 이러한 방식은 혁신 및 혁신성장에 관한 컨셉의 취약함을 반영하는 것으로 혁신성장정책의 입안이 단지 각 정부 부처의 상향식 정책 방안 제출이라는 단기적인 방식으로 이루어졌음을 드러내는 것일 뿐이다.

셋째, 이상의 정책 흐름을 여전히 관통하는 것은 규제완화를 통한 비즈니스활성화/활력 제고다. 규제완화론은 기존의 정부 규제와 노동 부문의 경직성이 혁신적 성장의 핵심적인 걸림돌이라는 주장이다. 여기에는 기업의 모든 활동이 곧 혁신적 성장을 가져오는 혁신적 활동이라는 전제가 깔려 있다.

그런데 이 전제는 그대로 성립하지 않을 뿐 아니라 첫 번째에서 언급한 것처럼 부작용을 가져올 가능성마저 농후한 것이 우리의 현실이다. 규제완화는 기업 투자, 특히 대기업 투자를 늘릴 수는 있지만 이들 기업 투자가 다 혁신적인 것은 아니다. 기업들 사이에 자원을 둘러싼 경쟁과 기존 시장을 지키기 위한 몸부림은 당연한 것일 수 있으나, 여기에 혁신의 의미를 부여하기는 어렵다. 오히려 기존 방식의 투자 확대는 기존 방식을 강화하여 자원 배분이나 자원 배치의 왜곡을 가져와 기존 방식에서의 탈피를 더욱 어렵게 만들 가능성이 크다.

특히나 상대적으로 규모가 큰 대기업 집단의 움직임은 가시적인 효과 측면에서는 영향력은 크지만 이들에게서 생존을 위한 절박함에서 나오는 혁신활동을 기대하기에는 무리가 따른다. 기존 시장을 지키고 확대하기 위해 상당한 자원과 관심이 동원되어야 하고 기존의 성공 경험에서 자유로울 수 없으며, 조직의 비대화에 따라 기존의 관행에서 벗어난 시각으로 시장과 비즈니스를 바라보기는 쉽지 않기 때문이다. 혁신활동으로 급성장한 구글 등이 최근에 혁신을 억압하는 존재로 비판받는 사정을 생각해 볼 필요가 있다.

4. '새 술을 헌 부대에': 경로의존성에 갇힌 혁신성장정책

이상에서의 전반적인 특성을 바탕으로 여기에서는 내재적인 측면에서 문재인 정부의 혁신성장정책을 좀 더 자세히 들여다보면서 정책 자체가 갖는 한계 내지는 내재적인 문제점을 다루고자 한다.

혁신성장정책의 내용을 보면 전반적으로 추격 위주의 기존의 정책 입안 및 시행 방식에서 크게 벗어나지 못하고 있다는 특성을 발견할 수 있다. 이러한 특성으로부터 다음과 같은 한계가 지적될 수 있다.

첫째, 입안된 정책 자체를 살펴보면, 정책 목표와 수단 간의 정합성이 약하며, 그럼에도 불구하고 단기에 성과를 내겠다는 목표 의식이 과도하고, 모든 정부 부처가 동원돼 모든 분야에서의 혁신을 이루겠다는 백화점식 열거 방식을 드러내 실상 혁신활동이 활성화되는데 어느 지점이 병목인지에 대한 인식과 전략적 우선순위 부여가 취약하다고 볼 수 있다. 보다 근본적으로는 정책 대상집단인 혁신 주체에 대한 효과적인 유인이 미약하여, 혁신 주체를 어떻게 형성하고 강화하며, 이들을 어떻게 움직일 것인가에 대한 고민이 부족하다. 그저 민간 대 정부의 대립 구도에서 벗어나지 못하고 있는 실정이다.

'새정부 경제정책 방향'(2017.7.25)에 따르면 물적자본 투자 중심으로 양적 성장결과를 중시하는 모방/추격형 성장전략은 유효성을 상실했으며, 과거 패러다임의 근본적인 변화 없이는 지속가능성장을 담보할 수 없다고 하면서, 중소기업을 새로운 성장 동력으로 육성하고 4차 산업혁명 대응 및 개방 확대로 생산성 중심 경제로 전환하는 것을 혁신성장으로 규정하고 있다. 즉 추격형 성장전략 등 과거의 패러다임에서의 탈각을 명시하고 있다.

그런데 가장 큰 문제는 정부가 제기한 문제를 풀 수 있도록 얼마나 실효성 있게 추진할 수 있는 정책 수단이 마련돼 있느냐다. 정부가 제시한 방안으로 일반적으로 〈표 3-2〉와 같은 방식이 설정돼 있다.

〈표 3-2〉의 실행 방안에서 설정된 전략은 민간 주도의 혁신의 선순환구조 강화인데, 혁신의 토대로 열거된 몇 가지 요소에 대한 투자로 혁신의 토대가 마련될 것이란 발상이다. 두 가지의 한계가 지적될 수 있는데, 세 가지 요소

〈표 3-2〉 혁신성장정책의 실행 방안

■ (전략) 민간 주도로 혁신의 토대 → 활용 → 확산 선순환 구조 강화
- (토대) ①정부 주도의 핵심기술 인프라에 대한 선도적 투자, ②기업 수요에 맞는 혁신 인재 적극 양성, ③규제 개선 가속화
- (활용) 업종간 융복합, ICT 적용 등을 통한 유연한 생산 체계 확대로 주력산업 경쟁력 제고 및 신산업 창출
- (확산) 상생 협력시스템 강화로 혁신을 산업 전반으로 확산, '창업–성장–구조조정'의 역동성 회복으로 생태계 경쟁력 강화

자료: 최근 고용·경제 상황에 따른 혁신성장과 일자리 창출 지원 방안(2018.10.24).

에 대한 투자로 혁신의 토대가 마련될 것이라는 발상은 한국 경제가 이상의 세 가지 요소만 빼고는 혁신에 필요한 나머지 여건이 충분히 성숙해 있을 때만 설득력을 가질 수 있다는 점에서 한계가 있다. 한국 경제가 이 정도의 여건이라면 혁신성장의 목표로 제시된 기존 패러다임에서의 탈각은 불필요한 목표가 된다.

나아가 세부적으로 보더라도 첫째 인프라에 대한 투자, 셋째 규제완화는 상대적으로 쉽게 실행 가능한 일일 수도 있지만, 둘째 요소인 혁신 인재 육성은 인력의 문제가 그렇듯이 단순 기능공의 양성이 아닌 바에야 기존의 교육과정의 문제, 기존 인력의 수준 문제, 교육기관의 질적 수준 문제 등 다층적인 문제가 결합되어 있고 여러 가지 제도적 문제가 얽혀서 쉽지 않다고 할 수 있고 보다 근본적으로는 혁신 인재가 어떤 인재인가에 대해서도 컨셉 확립이 쉽지 않다고 할 수 있다.

이렇게 형성된 토대를 활용하여 주력산업과 신산업을 모두 키우겠다는 발상이 활용 파트다.[1] 외환위기 이후에 지속적으로 등장한 정책 슬로건이 주력산업 경쟁력 제고[2]와 신산업 창출인데, 20여 년이 지난 현재까지도 동일한

---

1) 이하는 혁신성장에 관한 정부 측의 일반적인 인식으로 보인다. "혁신성장은 기존에 없던 혁신적 시도를 통해 생산성과 효율성을 높이는 노력이며, 새로운 제품과 서비스를 창출하는 신산업뿐 아니라 기존 주력산업이나 서비스산업에서도 혁신을 접목하여 더 많은 부가가치와 고용을 만들어낼 수 있다. 이러한 측면에서 정부는 주력산업 서비스산업 등 기존 산업과 함께 신산업과 창업 등 네 가지 분야 혁신에 중점을 두고 혁신성장정책을 추진하겠다"(부총리 발언, 제1차 혁신성장전략회의 겸 2019년 제3차 경제관계장관회의, 2019.1.16). 그런데 기존 산업은 스스로의 경쟁력에 도움이 되는 경우에만 혁신적일 수 있거나 혁신을 수용할 수 있으며 그렇지 않은 경우에는 혁신을 억제하는 방향으로 움직일 가능성이 크다. 현실에서도 스마트폰이 등장하면서 상당수의 기존 산업이 시장에서 사라졌다. 이런 점을 고려하면 기존 산업과 신산업이 같이 성장한다는 것은 수사에 머무를 가능성이 크다는 의미다. 특히나 기존 산업과 기존 기업이 강력한 한국에서는 더욱 그러할 가능성이 크다. 이 경우 기존 기업이 신생기업을 억압하고 기존 산업이 신생 산업을 억압하는 일종의 역(逆)의 자기잠식(cannibalization)의 가능성을 생각할 수 있다.

정책 슬로건이 등장하는 형국이고 앞서 언급대로 두 요소가 같이 갈 수 있는지에 대한 근본적인 고민이 필요하다.

확산 파트에서는 상생협력 시스템 강화와 역동성 회복이 언급되고 있는데, 상생협력 시스템은 현재의 가치사슬을 염두로 두고 있는 개념이며, 따라서 기존 패러다임을 온존시킨 상태에서 조금씩 개선을 도모하는 것이라 할 수 있고 결과적으로 기존 패러다임을 더욱 강화시켜 혁신의 여건을 악화시킬 가능성을 가지고 있다는 점에서 한계가 있다. 역동성 회복에서 중요한 것은 기존 기업의 독과점적 행태를 억제해서 진입장벽을 낮추고 진입을 활성화시키는 지점에서부터 출발해야 한다는 점인데, 관련 정책 방안은 사실상 부재하고 오히려 앞서 언급했듯이 기존 기업의 투자를 활성화시키는 조치 등 시장 지배를 강화하는 방향하에서는 역동성이 억제될 가능성이 크다고 할 수 있다.

더불어, 기획재정부를 중심으로 한 혁신성장본부에서 드러나듯이 가용자원을 총동원해서 집중적으로 시행하면 혁신성장이 된다는 발상이 보인다. 그런데, 혁신적 성장이 기존의 방식에서 벗어나는 것이란 점을 고려하면, 경제 전반에 걸친 기존 게임 룰의 변화를 동반하는 것이며, 나아가 경제 패러다임의 변경까지를 고려해야 하는 길게 내다봐야 할 사안이다. 이때 오히려 중요한 것은 재빨리 일을 처리하는 데 연연하기보다는 한국 경제의 실정에 맞는 새로운 성장 방식으로의 이행을 어떻게 할 것인지에 관한, 즉 경로에 대한 고민이 필요하다. 한국 경제로서는 익숙하지 않은 길을 가는 것이기 때문이다. 여기에는 경제주체의 마인드 변경과 제도 변경에 대한 고민이 따라와야 한

2) 주력산업 경쟁력 제고에서 두 번째로 언급된 기술 위주와 비용 위주의 접근이 지배적이어서 한계가 있다. 이를테면 노키아의 몰락은 비용을 낮추는 데 실패해서가 아니라는 점을 고려할 필요가 있으며, 이 점에서 마이클 포터의 본원적 전략에 관한 논의는 한국 기업에게 시사하는 바가 크다고 할 수 있다.

다. 과거의 방식인 단기간에 이루어지는 대규모 동원 방식은 일을 그르칠 가능성을 키울 수 있다.

둘째, 정책 방안의 근저에 여전히 기술 위주와 비용 위주의 접근이 깔려 있다. 최근 혁신의 핵심은 차별화와 수요 측면에 대한 집중이라는 점은 고려되고 있지 못하다. 이는 연구개발 투자 등 신기술 투자를 가속해서 신기술을 채택해 제품 및 서비스를 만들면 된다는 '투입 요소 중시론'에서 연원한다. 최근 10여 년 사이에 가장 우수한 혁신 성과로 거론되는 애플사의 아이팟이나 아이폰은 애플사가 대단한 신기술을 개발하고 이를 제품으로 구현한 것이 아니다. 오히려 중요한 것은 기술이 아니라 시장에서 요구하는 바가 무엇인지를 간파하고 이를 비즈니스 모델로 어떻게 구현할 것인가이다. 이를테면 4차 산업혁명 운운하면서 거론되는 주요 기술 분야에서 다른 나라보다 기술개발이 지체돼 있으니 이들 분야에서 대규모 자금 투입을 통해 압축적으로 기술개발을 이루어내자는 주장이 설득력을 갖는 것처럼 보이지만, 오히려 보다 핵심적인 것은 이들 기술의 특성을 파악, 어떻게 활용해서 어떤 문제를 해결할 것인가에 관한 통찰력이다. 혁신이란 시장과 사람들이 직면한 문제에 새로운 해결책을 내놓는 것이기 때문이다. 예컨대, 블록체인 기술을 익히고 개발하는 것보다 블록체인 기술로 무엇을 할 것인가가 훨씬 핵심적인 질문이고 중요한 의사결정 대상이다.

셋째, 원스톱서비스를 의식해서인지 세부 영역에까지 세심하게 정책적 고려를 진행하고 있다. 그렇지만 정부의 세심한 개입은 민간 서비스에 대한 구축효과를 일으켜, 혁신활동에 필요한 다양한 비즈니스 서비스를 제공할 기업군의 형성과 강화를 억압해 해당 서비스의 전문성을 낮추는 효과를 가져온다는 점을 고려해야 한다.

정부는 여전히 정부 주도의 특정 분야 선택과 해당 분야에 대한 대규모 물량 투입으로 성과를 낼 수 있다는 사고방식에서 자유롭지 못한 게 사실이며 단기적으로 가시적인 성과를 내겠다는 사고방식에서 벗어나야 한다. 정권이 바뀌더라도 매번 동일한 오류에서 허덕이고 있다.

혁신성장이 기존 패러다임의 변경을 동반하는 것이라면 기존 방식의 정책 입안과 시행으로는 한계가 있을 수밖에 없고 오히려 기존 패러다임을 강화하는 의도치 않은 효과를 가져올 가능성이 크다. 따라서 혁신성장을 활성화하기 위해서는 '정책 혁신'이 반드시 필요하다. 그 출발은 역대 정부가 시행한 기존의 정책이 효과적이지 않았다는 점을 고려하여 기존 정책에 대한 냉정한 회고와 반성을 통해 그 단초를 찾을 수 있다.

5. 냉정한 현실과 무딘 칼: 혁신성장정책의 효과성?

여기에서는 문재인 정부의 혁신성장정책이 내부적으로 갖는 여러 문제와는 독립적으로 과연 효과적일 수 있을까라는 문제를 다룬다. 그런데 효과성 측면에서는 한국의 객관적인 혁신의 실태가 고려되어야 하고 이러한 현실에 비추어 문재인 정부의 정책이 가질 수 있는 한계가 지적되어야 한다.

설정된 확실한 목표를 달성하는 데 온 힘을 다하는 추격형 방식이 내재돼 있는 한국 사회에서 기존 패러다임의 변경을 도모하는 혁신의 실정은 녹록하지 않다. 이러한 실정을 적극적으로 고려하지 못하는 정책은 효과성에서 제한적일 수밖에 없으며, 의도하지 못했던 결과를 초래할 수도 있다.

이하에서는 최근 혁신 연구가 적극 수용하고 있는 생태계적 관점에서 혁신이 이루어지는 프로세스 내지는 메커니즘을 설정하고 이러한 메커니즘을 구성하는 요소를 대상으로 한국의 실태를 간략하게 정리한다.[3)]

생태계적 관점을 취하는 경우에, 새로운 지식이 창출되어 상업화를 거치는 혁신프로세스를 고려하면, 혁신적 성장의 산출물을 만들어 내기 위해서는 투입 요소의 역할을 수행하는 건강한 지식 생태계(knowledge ecosystem)와 변환 요소의 역할을 수행하는 건강한 비즈니스 생태계(business ecosystem)가 필요하다. 이때 혁신적 성장의 산출 요소는 경제적 부가가치가 고려될 수 있고 나아가 다음기의 순환에서 활용될 수 있는 혁신 역량의 강화가 상정될 수 있다. 즉 지식 생태계는 혁신에 필요한 다양하고 다층적인 지식을 공급하는 역할을 수행하고, 이들 지식을 활용해 산출 요소로 연계시키는 역할은 비즈니스 생태계가 수행한다. 이들 세 가지 요소와 이들 간의 상호작용이 선순환을 형성하면서 누적적으로 확대 재생산될 때 혁신적인 성장이 안정화될 수 있다. 이들 요소는 단선적인 관계가 아니라 중층적으로 영향을 주고받는 메커니즘을 형성하면서 혁신의 순환을 형성하고 이러한 순환상에서 혁신적인 성장이 이루어질 수 있다. 아래에서는 이들 요소와 관련된 한국의 실태를 간략히 정리한다.

우선, 지식 생태계와 관련, 한국의 현실은 기초연구와 응용연구를 활성화시켜 한국에 필요한 기초 지식이 효과적으로 생산되고 공급되기에는 미흡하다. 대표적으로는 기초연구와 응용연구를 위한 연구 자금이 주로 정부와 특정 행정부처를 통해 공급되고 정부 통제에서 자유로운 독립적인 연구 자금은 부족하다. 그런데 정부자금은 주로 특정 부처 위주의 협소한 사고와 함께 국회를 통한 정치적 통제 때문에 강요되는 시각이 단기적이면서 장기적인 기획과 다양한 방식의 실험을 어렵게 한다.

결과적으로 성공 가능성이 연구과제 지원 및 선정에서 중요한 기준으로 작동할 수밖에 없는데, 이러한 방식은 실패 가능성을 원천적으로 차단하는 효과

3) 이하는 박규호(2017)에 크게 의존하고 있다.

를 발휘하면서 다양한 실험과 이를 통한 다각적인 연구 역량의 축적을 저해하며, 이렇게 단기간 수요나 정치적인 이유로 사업이 기획되고 평가되는 상황에서는 기존 방식에서 벗어난 획기적인 연구 수행이 어려워진다. 나아가 한국의 연구 관리 전문 기관이나 각종 지역 기구 및 산업 협회 등은 정부 부처의 강한 통제 아래 현장을 규제하거나 직접 지원하는 업무를 대행하고 있을 뿐 미국의 NSF나 NIH 등 중간 기구들과 같이 혁신을 주도하거나 지원하지 못한다는 점은 사정을 악화시킨다. 결과적으로 대규모 자금 투입에도 불구하고 현재의 상태는 기초 지식의 효과적인 생산에 긍정적이지 않으며, 이는 동시에 기초 지식의 연구자의 연구 역량 강화에도 효과적이지 않음을 시사한다.

또한 연구개발 투자의 상당액이 개발 연구라는 점에서 상당 금액의 자금이 투자되고 있음에도 불구하고 한국 경제에서 여전히 지배적인 방식은 국내외 시장에서 검증된 특정 목표를 지향하는 개발이고 시장의 변화 가능성과 트렌드에 대한 체계적인 천착을 동반하지 않는 투자이다. 이러한 특성은 후발국이나 추격국의 특성으로서 이제까지 주로 이미 설정된 목표를 시간과 비용을 압축하면서 달성해서 나름의 성공을 거두었던 경험에서 연원한다. 이러한 경험들은 결국 단선적이고 단편적인 인식을 지배적인 것으로 만들고 지식을 실제 활용할 수 있게 하는 비즈니스 모델조차도 진부한 방식으로 추구하게 만든다.

지식 확산 및 활용에서도 크게 두 가지의 전형적인 요소가 활성화에 걸림돌로 작용하고 있다고 볼 수 있다. 첫째, 해당 조직 내부에서의 완결성을 추구하는 이른바 칸막이주의와 소집단주의이다. 둘째, 산학연 연계가 효과적으로 이루어지지 않아서 대학과 정부출연연구소, 나아가 기업에 소속한, 소속 조직 유형별로 다른 연구 주체 간의 소통이 원활하지 않다는 점을 들 수 있다. 이러한 요소들은 소속 조직으로 시야와 인식을 제한하며, 소속 조직을 넘어서 외부에서의 생성된 지식에 대한 적극적인 탐색과 활용을 주저하게 만들고 이러한 행태는 외부 지식을 흡수할 수 있는 능력이 내부 조직에 쌓이는 것을 저해하게 한다.

둘째, 변환 요소로 기능하는 비즈니스 생태계의 경우에도 한국 경제의 현재적인 비즈니스 생태계는 취약한 편인데, 크게 세 가지 측면에서 정리할 수 있다. 첫째, 비즈니스 생태계를 구성하는 각 기업군을 기업 규모와 생태계 내에서 수행하는 역할을 기준으로 구분할 때, 각 기업군의 역량이 불균등하게 성장하고 있다는 점이다. 이는 기본적으로 재벌계 대기업의 생산 위주, 비용 위주의 단기적인 전략과 이에 따른 생태계 억압의 방식(즉 지배자역할)에서 일차적으로 연원하고, 나아가 생태계의 중추를 형성해야 할 중소기업이 상대적으로 무력한 상태에서 벗어나지 못한다는 점에서 지속성을 갖는다.

둘째, 재벌계 기업이 수직적 통합 체계의 정점에 자리 잡고 해당 체계 내에 기업군을 배치시키는 방식은 각 기업군 사이의 상호작용을 폐쇄적으로 만든다는 점이다. 결과적으로 비즈니스 생태계가 통합적으로 형성되고 그 과정에서 경쟁과 진화를 통해 다양성이 확보되고 효율성이 개선되는 것이 아니라 파편적이고 분산적인 형태로 산재하는 실정이다. 나아가 재벌계 기업이 주도하는 각 파편적 비즈니스 생태계조차도 장기적인 경제적 효율성보다는 재벌계 기업 총수의 안정적인 지배구조 구축 및 유지라는 또 다른 목표로부터 크게 영향을 받는다는 점에서 취약성을 드러낸다. 결과적으로 (극단화의 위험을 감수하자면) 재벌 각각의 폐쇄적인 생태계를 제외하면 여타 기업의 생태계는 생태계 내 상호작용이 충분히 일어나지 않는 수준의 취약한 생태계라 할 수 있다.

셋째, 비즈니스 생태계의 토대(infrastructure) 자체가 취약하다는 점이다. 건강한 비즈니스 생태계의 핵심적인 요소 중의 하나는 새로운 아이디어의 진입과 이를 활용한 사업화라 할 수 있는데, 수직적 생산 체계와 파편화된 비즈니스 생태계하에서 새롭게 진입할 유인과 새롭게 진입하고 난 후에 고유의 공간

〈표 3-3〉 지식 생태계 및 비즈니스 생태계의 취약성

구분	세부 영역	취약성
지식 생태계	기초 및 응용 지식 생산	특정 부처 위주의 연구 자금 공급으로 단기적 시야
	개발 지식 및 시장에 대한 지식	추격형 방식에서 벗어나지 못함
	지식의 확산과 활용	소집단주의 조직간 취약한 연계
비즈니스 생태계	구성 기업군	불균등한 각 기업군의 역량과 무기력한 중소기업
	대기업군	생태계 억압 전략으로 생태계 파편화 주도
	토대	취약한 신규 진입의 유인과 인프라

자료: 박규호(2017)

을 확보하여 성장을 지속할 가능성이 크지 않다. 이에 따라 활발하고 다양한 시도가 부진한 실정이다. 나아가 아이디어만으로 비즈니스가 가능한지에 대한 실험이 이루어지기 위해서는 다양한 비즈니스 지원 서비스가 활성화돼 있어야 하는데 이들 기능은 전반적으로 재벌계 대기업 내부에서 장악되고 외부로 유출되지 않아서, 비즈니스 지원 서비스가 미(未)활성화돼 있다는 점 역시 다양한 시도를 어렵게 한다.

결국 한국 경제 전반적으로 혁신적 성장을 위한 여건은 제대로 확보돼 있지 않고 오히려 혁신적 성장을 억압해 문제를 악화시킬 가능성만 가중되는 실정이다(〈표 3-3〉 참조).

6. 나가며

이상의 비판적 고찰을 통해 문재인 정부가 혁신성장을 중요한 한 축으로 설정하는 긍정적인 발걸음에도 불구하고 슬로건만으로 효과를 도모하기에는 현실은 냉혹하다고 할 수 있다. 크게 우리에게 추격형 정책이 아니라 혁신성장정책의 정책적 경험이 상대적으로 축적되어 있지 못하다는 점과 기존의 추격형 패러다임을 오히려 강화시키는 관성효과를 발휘하는 한국의 실정이 여전히 강력하다는 점이 그 이유로 지적될 수 있다. 이 때문에 혁신성장정책이 제대로 자리 잡기 위해서는 한국적인 실정에 걸맞은 체계적인 정책 혁신이 필요하고, 이를 위해서 혁신 패러다임 및 정책 혁신에 대한 체계적인 투자가 필요하다.

이하에서는 미흡하나마 그 단초 마련을 위해 한국적인 현실에서 효과적인 혁신성장정책이 다루어야 할 의제는 무엇인가를 정리하는 것으로 글을 마무리하고자 한다.

우선, 사회 전반적으로 혁신의 문화가 정착, 확산될 수 있는 기반을 조성하고 혁신활동이 효율적, 효과적으로 이루어질 수 있도록 민간에서의 신뢰 등 사회적 자본을 확충하고 관련 제도의 정비에 주력해야 한다. 특히 혁신활동의 성과가 혁신자 그룹이 아닌 기존의 자원 보유자에게 넘어가는 것을 억제할 필요가 있으며, 규제완화의 경우에도 통상적인 기업활동이 아니라 벤처 투자에 대한 규제 등 혁신활동이나 혁신적 그룹의 장애물이 되는 경우에 이들 특정 규제완화의 공론화를 거쳐 혁신 친화적인 방식으로 규제를 변경할 필요가 있다. 나아가 한국적인 상황을 고려할 때 아래와 같은 접근이 필요하다.

둘째, 한국인의 역동성을 감안할 때 효과적인 학습과 도전을 활성화시키기 위해서는 사회적 안정망의 체계적인 구축과 운영을 통한 경제적 불안정성을 해소시킬 필요가 있다. 혁신의 문화를 뒷받침할 수 있는 것은 해당 주체의 혁신적인 활동이 해당 주체의 생계와 지위를 위협하지 않아야 하며, 해당 주체는 본인이 관심을 갖는 문제해결에 천착하고 이를 통한 성취감을 스스로의 동력으로 활용하는 조직 내외의 환경이다.

셋째, 주요국에서 진행되는 모든 혁신을 무비판적으로 수용할 것이 아니라 어떤 혁신을 수용하고 어떤 혁신 역량을 축적하고 키울 것인가에 대한 사회적 컨센서스가 형성될 수 있도록 공론화장을 마련하고 이를 통해 한국형 혁신을 조금씩 구축해 나가야 한다.

넷째, 기존 정책과는 다른 방식, 다른 내용의 정책을 입안, 시행하기 위해 통상의 혁신활동이 그런 것처럼 정책실험을 일관되게 시행하고 이를 통해 변화된 환경에서 적절한 정책 모형을 구축해 나가야 한다.

참고문헌

과학기술정책연구원. 2018.「'과학기술정책' 창간 기념: STEPI 혁신성장 대토론회」(12/19).

박규호. 2017.「생태계적 관점에서 본 한국경제의 혁신 활성화 여건에 관한 고찰」. ≪동향과전망≫, 101호.

박규호. 2018.「지속적 혁신성장의 길」.『2019 한국경제 대전망』. 북21.

서중해. 2018.「혁신성장 정책연구의 방향과 과제」. *Research Brief.* 경제·인문사회연구회 혁신성장연구단.

최영락. 2018.「한국의 과학기술정책: 회고와 전망」. ≪과학기술정책≫, 제1권 제1호.

최영준 외. 2019.「복지국가는 어떻게 혁신경제에 기여하는가」. 혁신경제와 복지국가 세미나. 복지국가연구센터와 한겨레경제사회연구원.

최영찬. 2018.「문재인정부의 '혁신성장'은 혁신적인가」. ≪현안과 정책≫, 제237호. 지식협동조합 좋은나라.

혁신성장포털(https://www.moef.go.kr/pa/archiveMain.do)

Owen, Geoffrey. 2017. "Lessons from the US: innovation policy." Policy Exchange. Westminster, London.

제4장

문재인 정부의 공정경제정책 평가와 과제*

박상인 | 서울대학교 행정대학원 교수

1. 서론

1960년 이후 최소한 30년간 성공을 구가했던[1] 박정희 개발 체제는 1990년대 중반 이후 한계에 도달했다는 평가와 변화가 필요하다는 비판에 직면하기 시작했다.[2] 그렇다면 그동안의 성공 공식이 왜 작동하지 않게 된 것일까? 그에 대한 대답은 아이러니하다. 경제발전이 이뤄진 결과로, 그런 경제발전을 가능하게 했던 발전 전략이 더 이상 작동하지 않는 구조로 경제가 진화했기 때문이다.

1960년대부터 한국 경제의 성장을 이끈 박정희 개발 체제는 한마디로 '정부 주도—재벌 중심'의 발전 전략이었다. 이 정부 주도—재벌 중심의 발전 전

---

* 이 글은 2018년 12월에 KDI에 제출한 「재벌중심 경제의 한계와 패러다임 전환」이라는 연구보고서를 수정·보완한 것이다.

1) Lucas(1993).

2) 김세직(2016).

략이 한국 경제가 저개발 상태를 탈출하고 고도성장을 달성하는 데 주효했던 이유는 다음 세 가지라고 할 수 있다.

먼저, 정부가 차관이나 산업은행을 통한 보증으로 외국자본을 유치하고, 이를 다시 기업들에게 배분해 준 이른바 관치금융은 금융시장이 발달하진 못한 '시장의 부재(missing institutions)' 문제를 효과적으로 해소했다. 특히 1960년대와 1970년대에는 국내에 자본이 축적되지 않은 상태였고, 국내 은행이나 기업들의 신인도도 낮았기 때문에 은행이나 기업이 국제 금융시장에서 직접 자금을 조달하기는 어려웠다. 한편 기업들은 최종재 생산을 위해서 중간재 생산도 직접 수행하는 수직계열화를 통해 중간재 시장의 부재 문제를 신속히 극복해 나갔다. 그러나 이런 수직계열화 이후 무차별한 다각화로 재벌이라는 거대한 기업집단이 탄생하게 된다.

둘째, 이 당시의 발전 전략은 기본적으로 모방을 통한 추격 전략이었다. 그런데 추격형 전략에서 모방의 대상을 찾는 것은 어려운 과제가 아니다. 우리의 경우에는 일본의 산업정책이 주로 모방의 대상이었다. 모방을 통한 추격 전략의 관건은 얼마나 신속하게 가용 자원을 목표에 투하하고 쫓아가느냐에 달렸다. 그런데 군대식 명령과 통제(command and control) 시스템을 받아들인 정부와 재벌의 거버넌스는 추격형 전략에 효과적이었다.

마지막으로, 수출을 잘하는 기업에게 특혜를 주는 보상체계가 사실상 친경쟁적인 보상체계였다는 점이다. 많은 개발도상국에서는 독재자나 파워엘리트가 친인척이나 친구들에게 이권을 나눠주는 이른바 크로니(crony) 자본주의가 채택되었는데, 이런 체제는 경제발전의 유인을 제공하기 어렵다. 이에 반해 외채를 통해 자본을 조달할 수밖에 없었던 박정희 정부는 외채 상환을 위해서라도 수출을 잘하는 기업들에게 특혜를 주는 보상체계를 도입했다고 판단되는데, 이 당시 수출 시장이 가장 경쟁적 시장이었음을 고려하면 이런 보상체계는 친경쟁적, 친시장적 보상체계였던 것이다.

그러나 경제발전의 결과로, 한국 경제는 구조적으로, 질적으로 변화했다. 먼저, 금융시장과 중간재 시장의 부재의 문제가 해소되었다. 오히려 정부의 관치금융과 재벌의 과도한 계열화는 금융시장과 중간재 시장의 발전을 가로막는 부작용만 낳고 있다. 둘째, 경제가 성장한 결과, 모방을 통한 경제 성장이 한계에 도달했다. 경제가 성장해 글로벌 기술 프런티어에 가까워질수록 혁신형 전략으로 전환해야만 지속적인 성장을 할 수 있다[3]. 그런데 누가, 무엇이 성공할지 사전적으로 알기 어려운 불확실성하에서 정부의 승자 선택(winner picking) 전략은 혁신을 말살하고 있다. 마지막으로, 재벌 중심의 발전 전략의 결과로 재벌의 경제력 집중이 심화되고, 특정 재벌을 중심으로 하는 경제의 블록화로 인해 혁신의 기회와 공정한 경쟁을 불가능해지고 있으며, 재벌 단위의 경제블록 내에서 자원의 배분은 전형적인 크로니(crony) 자본주의의 양태를 보이고 있다.

그러나 정부 주도-재벌 중심의 발전 전략이 한계에 도달했다는 사회적 합의가 사실상 이뤄진 상황에서도 여전히 경제 패러다임의 전환은 이뤄지지 않고 있다. 이는 본질적으로 이런 패러다임 전환이 구체제의 기득권자들의 이익에 반하기 때문이다. 다시 말하자면, 정부 주도-재벌 중심 발전 전략이라는 박정희 체제에서 재벌과 관료가 우리 사회의 가장 강력한 기득권으로 성장하였고, 이런 패러다임의 전환이 이들의 이해와 상충되기 때문인 것이다.

이 글은 한국 경제의 현상과 이에 대한 진단을 통해, 문재인 정부가 추진하는 공정경제정책을 평가하고, 한국 경제가 지속가능한 성장을 이룩하기 위해서 어떤 정책적, 제도적 변화가 필요한지를 논의한다.

---

3) Acemoglu, Aghion and Zilibotti(2006).

2. 정부 주도–재벌 중심의 경제체제의 한계

1) 한국 경제의 현상

최근에 한국 경제 성장률의 저하 문제가 논란이 되고 있다. 일각에서는 한국 경제가 본격적인 저성장 또는 침체기에 접어들었다는 주장을 하고 있으며, 또 다른 일각에서는 선진국들과 비교해 볼 때 성장률이 낮은 편이 아니라고 주장하고 있다.

그런데 한국 경제 성장률에서 더 주의해서 볼 점은 경제 성장률이 세계 경제가 회복기에 접어들었던 2014년 이후에 오히려 떨어지기 시작했다는 사실이다. 물론 2017년에 한국 경제가 3.1% 성장하면서 반등했다. 그러나 이는 반도체 슈퍼사이클 덕분에 발생한 일시적인 현상일 개연성이 높다. 따라서 이런 성장률 추이는 경기 부진이 단지 경기 변동적인 요인이 아니고 한국 경제의 구조적인 문제에서 발생하고 있을 수 있다는 점을 시사한다.

사실, 한국 경제의 구조적 문제가 바로 제조업의 위기 문제임은 어렵지 않게 인지할 수 있다. 2016년 기준으로 한국 경제에서 제조업은 GDP의 29.3%를 차지할 정도로 그 비중이 매우 크다. 흔히 제조업 강국이라고 생각하는 독일의 GDP 대비 제조업 비중이 26.9% 정도이고, 일본은 20% 수준이다. 세계의 공장이라고 말하는 중국의 경우 GDP에서 제조업이 차지하는 비중이 27.3% 정도이다.[4)]

한국의 경우 1970년대 이후에 중화학공업 육성정책으로 성장했던 7대 제조업이 지금까지도 제조업 부가가치의 70% 정도를 차지할 정도로 주력 산업

4) 현대경제연구원(2018).

〈그림 4-1〉 국내 제조업 생산 증가율과 평균 가동률 추이

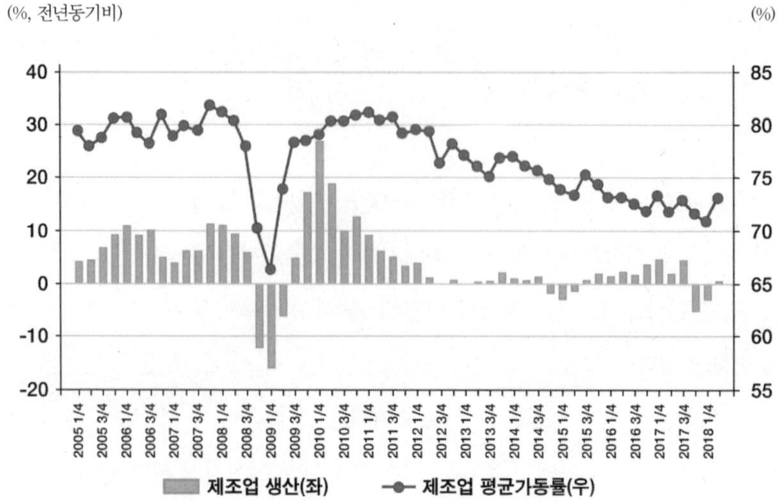

자료: 통계청.

을 형성하고 있는데, 이 중화학공업 산업이 2010년대부터 경쟁력을 급속히 잃어가고 있음을 여러 지표들이 보여주고 있다.

〈그림 4-1〉은 국내 제조업 생산 증가율과 평균 가동률 추이를 보여주는데, 2010년대 초반에 80%가 넘었던 제조업 평균 가동률이 2017년에는 70% 초반으로 급전직하했음을 알 수 있다. 이와 함께 제조업 생산증가율도 0 주위에서 음(-)과 양(+)의 값을 가지고 횡보하고 있음을 볼 수 있다.

〈그림 4-1〉에서 볼 수 있는 제조업 평균 가동률과 생산증가율이 2010년대에 급감하는 현상은 수출 증가율 변화를 고스란히 반영하고 있다. 〈그림 4-2〉에서 볼 수 있듯이, 2011~2017년 우리나라 수출 증가율은 2000년대의 1/4 수준으로 급감하여 OECD 평균에도 못 미치게 된다. 이런 수출 증가율의 급감은 2008년 금융위기 이후에 논의되고 있는 뉴노멀(New Normal)만으로는 설명

〈그림 4-2〉 수출 증가율 추이

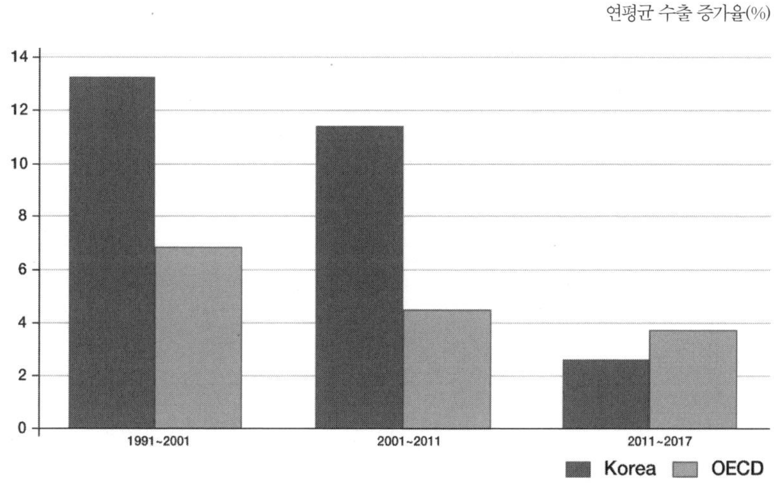

자료: OECD 경기 전망: 통계와 추정.

되기 어려워 보인다.

실제로 2011년부터 한국 제조업의 경쟁력이 굉장히 약화되고 있음은 여러 지수들을 통해 확인할 수 있다. 2010년까지 제조업 성장률은 경제성장률을 상회하면서 한국 경제의 성장을 견인해 왔다. 그러나 이후로 제조업 성장률은 경제성장률과 거의 같아지게 되었다. 제조업 경쟁력을 보여주는 무역특화지수나 수익성 같은 지표들도 2011년, 2012년부터 본격적으로 악화되었다[5].

제조업 경쟁력의 상실은 기업인들의 인식에서도 확인된다. 대한상공회의소가 2016년 5월 27일부터 6월 27일 사이에 전국 제조업체 2400여 개사를 대상으로 실시한 조사에서, 기업의 절반가량(49.9%)이 지금의 수익원은 사양화 단계라고 응답했다. 제품의 범용화 기간도 평균 8.4년이라고 답했는데, 전자

5) 박상인(2017) 참고.

〈그림 4-3〉 삼성전자 주가 변동

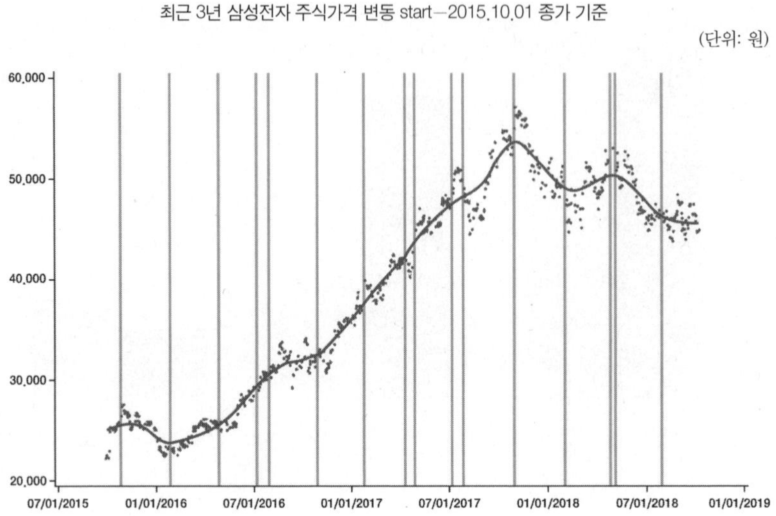

*수직선 = 자사주 매입 결의 발표일/각 분기 실적 발표일/액면분할 관련 일자.

업종이 6.5년으로 가장 짧았고, 자동차 8년, 기계와 철강은 9년, 정유는 10년에 불과했다.

반도체만이 거의 유일하게 경쟁력을 유지하면서 초호황을 누렸으나, 이른바 반도체 슈퍼사이클도 2018년 말부터 종료되고 있다. 〈그림 4-3〉은 최근 3년 간 삼성전자의 주가 추이를 보여주고 있다. 2016년부터 2017년 말까지 삼성전자의 주가는 반도체 슈퍼사이클로 인해 급속히 증가했다. 그러나 2018년 들어와서는 삼성전자가 역대 최고의 실적을 내고는 있으나 주가는 오히려 하락하기 시작했다. 이런 하락세는 반도체 슈퍼사이클이 종료될 것이라는 기대가 이미 반영된 결과라고 볼 수 있다.

경제가 성장하게 되면 장치산업 중심의 제조업들은 가격 경쟁력을 잃게 된다. 물적 자본 중심의 장치산업에서 경쟁력의 원천은 궁극적으로 숙련 노동력의 임금 경쟁력에 있는데, 경제가 성장해 가면서 임금이 인상되고 후발 개도국이 추격해 오면 숙련 노동력의 임금 경쟁력은 사라지게 되는 것이다.[6] 과거에 한국의 추격을 받은 일본이나 독일, 북유럽의 국가들도 결국 장치산업에서는 경쟁력을 잃었고, 우리도 지금 중국이나 신흥국가들이 쫓아오면서 이 분야에서 경쟁력을 잃고 있는 것이다.[7]

우리의 경우 최종재 산업, 부품 산업 할 것 없이 대부분의 제조업이 기술경쟁력보다 가격경쟁력으로 유지하고 있었는데, 이게 한계에 다다랐다는 점이다. 1990년대 이후에 일본, 독일, 북유럽의 제조업 강국들은 최종재의 생산시설을 국외로 이전했는데, 최종재 제조업이 왕성하게 성장할 때 그 제조업의 부품 소재 산업이 같이 발전했고, 그 결과 이 국가들의 국내 산업구조는 기술경쟁력이 있는 인적자본 중심의 부품 소재 산업과 특수재 산업 위주로 바뀌기 시작했다.[8] 그러나 한국 제조업은 장치산업 중심 구조에서 고부가가치 중간재나 특수재 산업으로의 진화가 단절되고 있다. 강두용 외(2016)에 따르면, 제조업의 세계 최고 대비 상대 기술 수준이 고위 기술 업종은 2007년부터 그리고 중고위 기술 업종은 2011년 이후 하락하고 있고, 제조업의 고위 및 중고위 기술 업종에서 중국과의 격차가 지속적으로 축소되고 있다.

고부가가치화의 핵심인 중간재 산업이 취약한 점은 반도체 산업도 예외가 아니다. ≪중앙일보≫(2018.10.15)가 한국거래소에 의뢰해 반도체 업계 상장사 166곳의 2018년 상반기 누적 영업이익률을 조사한 결과, 삼성전자와 SK하이닉스의 평균 영업이익률은 평균 39.1%였으나, 반도체 장비 업체는

6) 김도완·이상협(2019)은 2011~2015년 기간에 제조업 노동 생산성이 급격히 떨어졌음을 보여주었는데, 특히 고위와 중고위 제조업에서 이런 하락이 더 컸다.

7) 강두용 외(2016).

8) Herrigel(2010).

13.5%에 그쳤다. 또 삼성전자나 SK하이닉스 협력 업체를 빼면 흑자 보는 곳은 거의 없으며, 2017년 82개 반도체 장비 업체 중 13곳이 적자를 봤다. 국제반도체장비재료협회에 따르면 국내 반도체 장비 업체의 세계 시장 점유율은 10.1%에 불과하며, 소재 업체도 9.9% 수준이다. 2018년 현재 국내 반도체 장비 산업의 국산화율은 18.2%에 불과했다. 메모리 반도체는 장비 의존도가 높은 분야인데, 메모리 반도체 공장 투자액의 70%는 장비값으로 쓰이는 실정이다. 예를 들어, 30조 원을 들여 공장을 지으면 장비를 사는 데 21조 원을 쓰는데, 이 중 16조 원을 해외 업체가 벌어들이는 셈이다. 이런 반도체 후방산업인 장비·부품·소재 산업의 미발달로 인해 반도체 슈퍼사이클의 국내 경제로의 낙수효과가 미미한 것이다. 건실한 중견·중소 반도체 기업이 많아져야만 반도체 전공자도 늘어나고 인력 유출도 막을 수 있다.

전자산업과 함께 가장 대표적인 산업이라고 할 수 있는 자동차 산업은 부품업체 줄도산 위기에 직면하고 있다(≪연합뉴스≫, 2018.10.19). 중견 자동차 부품업체의 절반 가까이가 2018년 1분기 적자를 냈고, 건실했던 기업이 워크아웃을 신청하는 등 자동차산업 생태계가 급속도로 무너지고 있는 것이다. 한국자동차산업협동조합에 따르면 2018년 1분기 상장한 1차 협력부품업체 89개사 중 42개사(47.2%)가 영업적자를 기록했고, 28개사(66.7%)는 적자로 전환했다. 89개사의 매출액은 작년 동기 대비 8.6% 줄었으며 영업이익률은 0.9%에 그쳐 작년 1분기 3.7%에 비해 2.8%p나 감소했다. 총 28조 원 규모인 자동차산업 여신 중 10%는 이미 자본 잠식 상태이고 영업이익률이 2% 미만인 2차·3차 협력 업체는 이미 시장에서 이탈하기 시작했다. 2018년 6월에 현대차 1차 협력 업체인 리한이 워크아웃을 신청한 데 이어 다이나맥, 금문산업, 이원솔루텍 등이 잇따라 기업회생절차(법정관리)에 돌입한 상태이다.

2) 정부 주도 발전 전략의 한계

1960년 이후 한국 경제 발전을 이끈 정부 주도 발전 전략은 그 유용성과 유효성을 상실했다. 앞서 살펴보았듯이, 경제발전의 결과 한국 경제는 더 이상 모방과 가격 경쟁력에 기초한 성장이 불가능한 상태에 도달했다. 다시 말하자면, 모방과 가격경쟁력에 기초한 "정부 주도—재벌 중심"의 추격형 발전 전략이 한계에 봉착한 것이다. 따라서 산업의 고부가가치화를 위한 혁신형 경제로 이행해야 지속가능한 성장을 기대할 수 있다.

혁신형 경제의 가장 큰 특징은 불확실성인데, 불확실성과 정부 주도 정책은 양립할 수 없다. 기술 진보의 불확실성과 경제적·사회적 제약을 모두 고려하여 미래 사회에서 상용화될 기술을 정부가 예상하는 것은 거의 불가능한 것이다. 즉, 무엇을 해야 성공할지 사전적으로 알기 어려운 혁신형 경제에서는 정부가 주도를 할 수 없는 것이다.

누가 무엇이 성공할지 모르는 상황에서 정부의 승자 선택(winner picking) 전략은 혁신을 오히려 말살할 수 있다. 예를 들어, 정부가 특정 산업이나 기술을 육성하겠다고 전략을 취할 때, 정부 관료들은 무엇이 성공할지 모른다. 정부의 지원을 받고자 하는 기업들은 시장의 불확실한 수요에 대한 나름대로의 직관[케인즈의 표현을 빌리자면, 동물적 본능(animal instinct)]이 있을 수 있으나, 이런 주관적 직관을 객관화하기는 어렵다. 결국 객관화할 수 있는 기술적 우위가 지원과 육성의 기준이 되고, 기업가들은 시장의 수요보다 정부 지원을 받기 위해 기술을 위한 기술 개발에 집중하게 될 수 있다. 결국 불확실성하에서 정부 주도의 혁신 정책은 실패할 수밖에 없게 된다.

특히 정부 지원이 예산 항목을 통해 이뤄지게 되면, 예산 편성과 집행의 시차 그리고 예산 항목을 사전에 결정해야 되는 한계로 인해 지원금은 성공한

기술을 추종하는 편의를 가지기 십상이고 또 새로운 융합형 혁신에는 지원금이 사용될 수 없게 된다.

3) 재벌체제의 한계

재벌 중심의 경제성장은 재벌로의 경제력 집중을 야기하였고, 재벌 대기업 중심의 폐쇄적인 경제블록이 생성되었다. 이런 재벌체제에서는 혁신의 기회와 유인이 사라지게 된다.

재벌의 과도한 수직계열화와 내부거래는 혁신기업의 시장 진입을 막고, 경쟁을 제한함으로써 기술혁신과 시장의 활력을 떨어뜨리고 있다. 경쟁이 생산성 향상과 혁신에 중요함을 보여주는 사례가 과거 미국에서도 있었다. 1960년대까지 미국의 자동차산업은 GM, 포드, 크라이슬러 3사가 담합 구조를 유지했는데, 이런 담합 구조하에서 부품을 공급하는 협력기업들도 전속 계약관계를 유지했다. 이런 담합과 전속 계약 체제로 인해 1960년대 미국 자동차산업에서 혁신이 사라지게 되었고, 1970년대 일본의 자동차가 미국에 들어오면서 미국 자동차 회사들이 위기를 맞게 되었다. 그런데 일본 자동차 회사들이 미국에 현지 공장을 짓고 부품을 현지에서 조달하기 시작하면서 자동차 완성차 회사와 부품 생산자 간에 전속 계약의 관행이 깨졌고, 부품 생산자들 사이에 경쟁이 일어나고, 미국 자동차부품의 성능과 생산성이 빨리 회복되었다. 미국 자동차부품 산업에 혁신이 일어나면서 결국 미국 완성차들도 경쟁력을 회복하게 된 것이다. 이 예시는 『자본가로부터 자본주의 구하기(Saving Capitalism from The Capitalists)』(2003)라는 시카고 비즈니스 스쿨에 있는 교수 둘이 쓴 책에 나오는 사례이다.

재벌 대기업 중심의 하청 구조에서 기술 탈취가 만연한 것은 이미 상식이 되었다. 최근 사례로, 현대중공업이 독자개발했다고 홍보한 힘센엔진의 주요 부품 기술자료를 하도급사인 삼영기계로부터 무단 탈취했다는 주장이 제기되었다. 이에 공정거래위원회는 지난 10월 한 달간 현대중공업에 대한 직권 조사를 통해 1·2차 협력사를 상대로 납품단가 후려치기를 비롯해 복수의 기술 탈취 관련 혐의에 관한 증거를 상당수 확보한 것으로 알려졌다[9]. 약자의 재산권 보호가 안 되어 기술 탈취가 만연하며, 특히 중간재 산업에서 혁신의 유인이 제거된다. 또한 〈그림 4-4〉에서 볼 수 있듯이, 글로벌 혁신 네트워크에서 우리 스스로가 고립을 자초하고 있는 것이다.

경쟁의 기회가 봉쇄되기 어렵고 또 동시에 기술 탈취가 어려운 B2C(Business to Consumer) 분야에서는 우리 경우에도 혁신이 활발하게 일어나고 있다. 잘 나가는 신생 혁신기업들로 네이버, 카카오, 넥슨이나 넷마블 같은 인터넷게임 업체, 아모레퍼시픽 등을 꼽을 수 있는데, 이들의 공통점은 모두 B2C 업종이라는 것이다. 이에 반해 대표적인 내부거래와 하청 산업인 B2B(Business to Business) 분야에서는 혁신이 거의 일어나지 않고 있는 실정이다.

그런데 단가 후려치기는 최종재를 생산하는 재벌 대기업에게도 결국은 독이 되고 있다. 기술 탈취와 더불어 재벌 대기업은 하청기업들에게 단가 후려치기로 자신의 가격경쟁력을 담보할 수 있게 되고, 따라서 스스로 혁신할 유인을 잃고 있다. 기술 탈취와 단가 후려치기는 나아가 중소기업의 저생산성과 대기업과 중소기업의 임금 양극화의 원인이 되고 있다.

기술 탈취와 단가 후려치기가 중소기업의 저생산성과 대기업과 중소기업의 임금 양극화의 원인이 되고 있다는 추론은 현대자동차의 1차와 2차 비계열 협력사들의 영업이익률을 계산해 보면 확인할 수 있다. 전국금속노조 울

---

9) "국감, 삼영기계 '현대重이 기술 탈취' vs 현대重 '부품에 불과'", ≪머니투데이≫, 2018.10.26.

〈그림 4-4〉 글로벌 혁신 네트워크와 단절

기업 규모별로 혁신을 위한 국제 협력에 참여한 기업들, 2012~ 2014[1)]

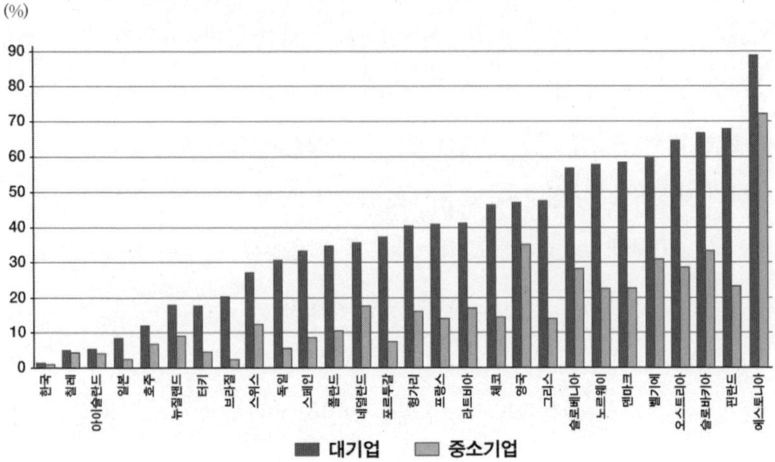

주: 1) 제품 또는 프로세스 혁신에 종사하는 기업의 비율. 한국의 경우 2013~2015 년 자료.
자료: OECD(2017), OECD 과학, 기술과 산업 스코어보드, 2017.

〈그림 4-5〉 중소기업과 대기업의 생산성 격차 추이

대기업 대비 중소기업의 근로자당 부가가치

대기업 = 100

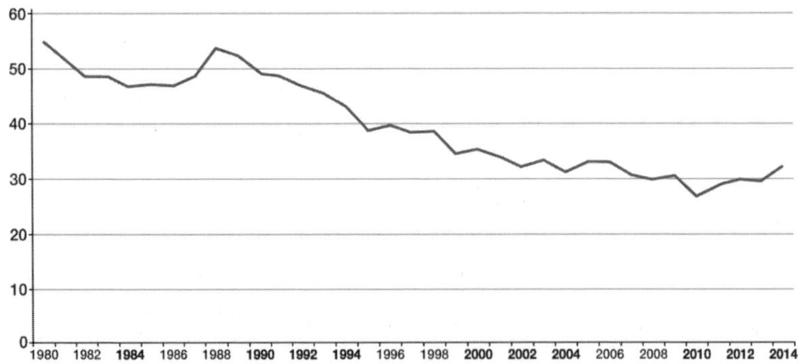

자료: 통계청, OECD.

〈그림 4-6〉 임금불평등(1990, 2016)

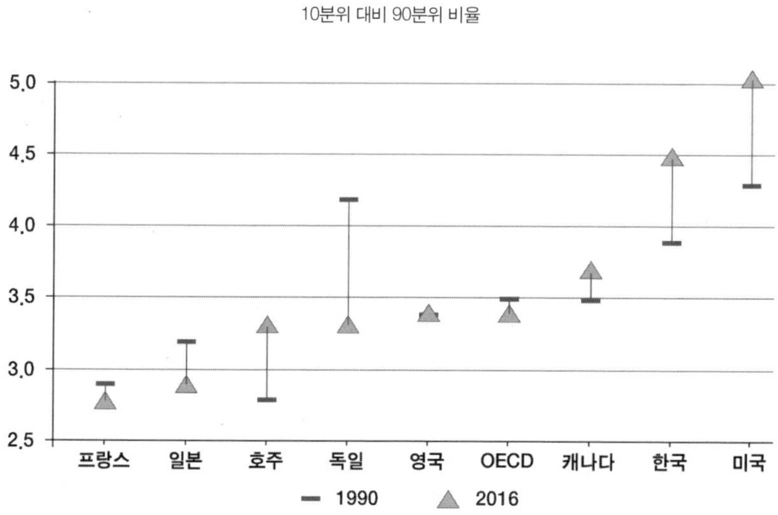

자료: OECD 소득분배 데이터베이스.

산지역 공동위원회가 2015년에 발표한 「원하청 불공정거래 실태 및 대안」이라는 보고서는 사업보고서와 감사보고서, 그리고 한국은행 자료 등 공시 및 확정된 자료를 이용해 1차와 2차 비계열 협력사들의 영업이익률을 별도로 계산해 제시하고 있다. 이 보고서는 현대기아차의 협력사를 전속 업체와 비전속 업체로 구분하고, 20개 1차 협력사(1차 밴드), 10개 2차 협력사(2차 밴드) 등의 영업이익률을 조사했는데, 1차 협력사로 구분하기 어려운 1.5차 밴드도 2차 협력사로 분류했다.

〈표 4-1〉을 보면, 모비스 영업이익률은 현대기아차와 유사하며, 매출액이 3조 이상이고 1차 협력사인 대기업의 영업이익률은 현대기아차와 그 추이가 비슷하나 현대기아차의 70% 정도를 유지하고 있다. 그러나 1차 협력사 중에서 중기업은 현대기아차의 영업이익 호조에 따른 혜택을 거의 받지 못하고,

〈표 4-1〉 현대차의 1차와 2차 협력사 간 영업이익률 비교

구분	2014년	2013년	2012년	2011년
현대자동차	8.5%	9.5%	10.0%	10.4%
현대모비스	8.5%	8.6%	9.4%	10.0%
1차 협력사(대기업)*	5.8%	6.3%	6.8%	5.6%
1차 협력사(전속 중기업)	3.8%	4.3%	4.0%	4.3%
1차 협력사(비전속 중기업)	5.4%	6.1%	6.1%	6.6%
2차 협력사	2.8%	3.2%	2.0%	1.8%

주: * 대기업은 연 매출액 3조 원 이상 기업을 의미함.
자료: 전국금속노조울산지역공동위원회(2015)의 〈표 3〉을 재구성함.

현대기아차 대비 평균 40%에서 50% 사이의 영업이익률을 유지하면서 2009년처럼 현대기아차의 수익성이 악화될 때에는 동조화됨을 알 수 있다. 특히 주목되는 점은 2차 협력사(2차 밴드)의 영업이익률 추이는 현대기아차의 추이와 관계없이 현대기아차의 30% 수준 아래에서 움직이고 있다는 것이다. 이는 단가 인하 압력을 받는 1차 협력사가 2차 협력사에 이를 전가해 단가 인하를 압박하나, 전속 계약 관계에 있는 2차 협력사는 사업을 다변화하기 어렵고 장기간 전속 거래 과정에서 1차 협력사의 원가 기준에 맞추어 생산함에 따라 2차 협력사의 원가 내역이 노출되기 때문에 최종적으로 원청사업자인 완성차 회사의 단가 인하 압력의 대부분을 감내할 수밖에 없기 때문이다.

1차와 2차 협력사의 영업이익률 격차는 이들 협력사의 임금 격차에 고스란히 반영된다. 노동자의 고용 형태별로 평균 임금 수준을 보다 세분해서 분석한 이병훈·유형근(2009)의 연구에 따르면, 비계열 1차 협력사의 평균임금은 완성차 회사의 64~77%, 1차 협력사의 사내하청은 약 51%, 2차 협력사의 경우 27.4%에 불과하다.

4) 모방형 경제의 함정

정부 주도—재벌 중심의 발전 전략이 추격형 경제에서는 주효했으나, 경제가 성장하고 혁신 위주의 발전이 필요한 현 시점에서는 순기능보다는 오히려 역작용만 내고 있다. 이 장에서 살펴본 제조업 진화의 단절과 경쟁력 상실 현상은 한국 경제가 모방형 경제에서 혁신형 경제로의 전환이 단절된 채 덫(trap)에 걸린 것이라는 추론을 가능하게 하는데, 실제로 이런 가능성에 대한 이론적 논의는 이미 이뤄진 바 있다.

아제모울루(Acemoglu), 아기옹(Aghion) 그리고 칠리보티(Zilibotti)[10]에 의하면 경제가 발전할수록 기술 프런티어에 근접하게 되고, 기술 프런티어에 접근하면 모방형 전략보다 혁신형 전략으로 성장해야 하나 기존 체제의 기득권자들로 인해 혁신형 전략으로 전환하지 못할 수 있고, 이 경우 경제가 장기침체의 덫에 빠질 수 있다는 것이다. 〈그림 4-7〉에서 볼 수 있듯이, 경제 발전 단계 $\hat{a}$에서 모방형 성장전략(R=1)에서 혁신형 성장전략(R=0)으로 전환하는 것이 최적의 성장전략임에도 불구하고 이런 전환을 계속 지체하다가 결국 더 이상 경제가 성장하지 않는 정체 상태(a_{trap})에 빠질 수 있다는 것이다. 즉, 정체 상태에서는 모방형 성장전략을 지속하더라도 더 이상 경제는 성장하지 않고 제자리에 머무르게 된다.

한국 경제가 일본의 잃어버린 20년의 전철을 밟고 있다는 우려가 최근 급속히 퍼지고 있다. 혁신형 경제로의 전환이 지연되는 것은 기존의 모방형 성장에서 기득권을 형성하고 있는 산업자본가들이 혁신형 성장전략의 채택을 막기 때문인데, 한국의 경우에 정부 주도—재벌 중심의 발전 전략에서 가장

10) Acemoglu, Aghion and Zilibotti(2006).

〈그림 4-7〉 모방형 경제의 함정

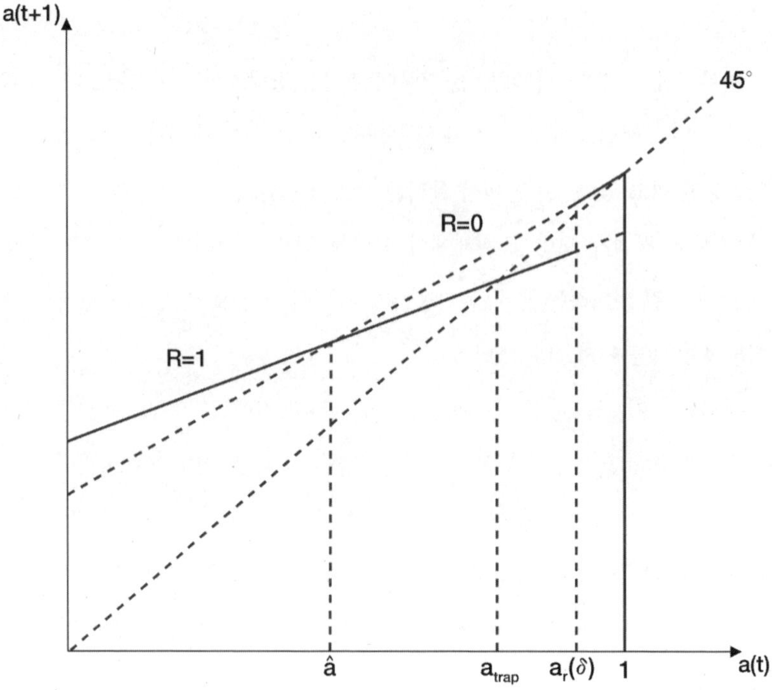

자료: Acemoglu, Aghion and Zilibotti(2006).

큰 혜택을 입은 재벌들이 이런 기득권 산업자본가라고 할 수 있다.

그러나 일본과 달리 침체의 덫이 한국의 경우에는 장기적인 균형이 아닐 수 있다. 한국 경제가 혁신형 경제로의 이행에 실패하고 침체에 빠지면 중남미 국가들처럼 한국도 양극화와 경제위기가 반복되는 나락으로 떨어질 수 있다.[11]

---

11) 박상인(2017)을 참고하라.

3. 경제 패러다임 전환의 필요성

1) 문재인 정부의 공정거래 정책에 대한 평가

문재인 대통령은 경제 공약으로 소득주도성장, 혁신성장, 그리고 공정경제를 내걸었다. 그런데 공정경제란 공정한 경쟁의 기회가 주어지고 성공에 대한 정당한 대가가 보장될 때 이뤄지는 것이다. 앞에서 살펴보았듯이, 재벌에 의한 경제력 집중은 이런 공정경제 실현에 가장 중요한 장애요인이 되었으며, 따라서 재벌개혁은 공정경제 실현을 위한 전제가 된다.

이런 맥락에서 볼 때, 문재인 대통령의 재벌개혁 공약 자체도 경제력 집중의 해소에는 부족한 수준이었다.[12] 그러나 더 중대한 문제는 경제력 집중 해소와 관련된 공약은 전혀 이행되고 있지 않다는 것이다.

문 대통령의 공약은 ① 황제경영 방지를 위한 법적 기반 구축, ② 재벌총수 일가의 편법적인 지배력 강화 방지 및 투명한 지배구조 체제 구축, ③ 일감몰아주기, 부당 내부거래, 납품단가 후려치기, 기술 탈취 등에 대한 규제 및 처벌 강화, 그리고 ④ 금융계열사의 의결권 제한 및 금융그룹 통합 감독 시스템 도입 등으로 구성되어 있다.

이 중에서 황제경영 방지를 위한 법적 기반 구축은 다중대표소송제, 전자투표와 서면투표 의무화, 집중투표제, 감사위원 분리 선출제도 도입 등으로 현재 정부의 상법개정안에 반영되어 있다. 그러나 횡령, 배임 등 경제범죄에 대한 엄정한 법 집행과 사면권 제한 등의 법제화는 시도되고 있지 않은 실정이다.

---

12) 지주회사 지정제도와 출자 단계 개선이 빠져 있다.

금융계열사의 의결권 제한 및 금융그룹 통합 감독 시스템 도입과 관련해서는 금융위원회가 2018년 7월에 금산복합그룹에 대한 모범 규준 시범운영을 실시하고 있다. 그러나 금융그룹감독법 법제화는 아직도 정부안이 나오고 있지 않는 실정이다. 더욱이 적격 자본을 업권별 자본 규제 최소 기준의 합계(필요 자본) 이상으로 유지할 의무, 금융계열사 간 출자분을 적격 자본에서, 모기업 차입금은 필요 자본에서 차감하는 것과 더불어 그룹 차원의 통합 위험도 평가 및 관리가 모범 규준의 핵심적 내용임에도 불구하고, 이와 관련된 집중 위험이나 전이 위험에 대한 구체적 평가는 논의조차 되고 있지 않다.

그러나 무엇보다도 경제력 집중 해소의 핵심 내용인 지주회사의 부채비율, 자회사·손자회사의 지분율 요건 강화, 계열공익법인, 자사주, 우회출자 등을 악용한 지배력 강화 차단, 기존 순환출자 단계적 해소, 일감몰아주기 및 부당내부거래 규제 강화 등은 공정거래법 전부개정안에 담겠다는 약속과 달리 사실상 실효성 없는 내용만을 법안에 제시하고 있다. 현재 국회에 계류 중인 공정거래법 전부개정안은 지주회사의 자회사·손자회사 지분율 요건은 새로 설립되는 지주회사(기존 지주회사가 새로 편입하는 자회사·손자회사 포함)에 한하여 상향(상장 30%, 비상장 50%)하고, 신규로 지정되는 기업집단에 한하여 기존 순환출자에 대한 의결권 제한을 도입한다는 것이다. 한편 사익 편취 규제 대상 총수 일가 지분율 기준을 상장회사, 비상장회사 구분 없이 20%로 일원화하고, 이들 기업이 50% 이상 보유 자회사도 포함 규제 대상에 포함하기로 했으며, 공익법인의 계열사 의결권 행사는 원칙 금지하되, 상장회사에 한해 특수관계인 합산 15%까지 예외적으로 허용했다. 다만, 2년 유예기간 부여 후 3년에 걸쳐 단계적 행사한도를 축소(30%→25%→20%→15%)하기로 했다. 그러나 금융보험사의 추가적인 의결권 제한(금융보험사 단독 5% 규제)은 현행 기준을 유지하기로 했으며, 계열사 간 합병을 예외적 의결권 행사 사유에서는 제외했다.

이런 정부의 공정거래법 전부개정안은 재벌의 경제력 집중 해소에 거의 도움이 되지 않고 사익 편취를 위한 일감몰아주기 근절과도 거리가 먼 개편안이다. 특히 자회사·손자회사 의무 지분율 상향과 기존 순환출자 규제를 신규 지정 그룹에만 적용한 것은 거대 재벌에 의한 경제력 집중을 해소하는 노력을 포기하겠다는 것이다. 한편 사익 편취 대상 상장기업의 범위 확장에도 불구하고 여전히 규제 회피 가능성과 대한항공 사례에서 불거진 부당성 요건 문제를 해소하지 못했다는 점에서 전부개정안 의미가 퇴색되었고, 나아가 해외계열사는 사익 편취 규제 대상에서 여전히 제외되었다. 또한, 오직 삼성그룹을 위해 금융보험사 의결권 한도 5% 제한도 포기했으며, 공익법인이 총수 일가의 지배력 확대와 경영권 세습에 악용되는 데에 대한 대책이 빠져있다.

문재인 정부 2년의 공정거래 정책은 '갑을' 문제에 집중되었고, 하도급·가맹·유통·대리점과 관련된 불공정 행위에 적극적으로 행정력을 동원해 조사하고 있다. 이에 반해, 입법의 어려움을 핑계로 사실상 재벌개혁은 포기한 상태라고 할 수 있다. 그러나 대통령의 권한으로 시작할 수 있는 실효성 있는 개혁 어젠다가 있음에도 불구하고 이들 개혁 수단은 방기하고 있는 실정이다. 예를 들어, 공정거래법 개정안보다 더 효과적으로 사익 편취를 위한 일감몰아주기를 규율할 수 있는 비지배주주 다수결(Majority of Minority) 규칙을 거래소 상장규칙에 도입할 수 있다. 또한 국민연금이 스튜어드십 코드를 철저히 적용함으로 기업 지배구조 개선 유도할 수 있으며, 보험업법 감독규제의 개정으로 금융통합감독법 입법을 유도할 수 있다. 공정거래법 시행령 개정으로 수요독점에 대한 규제 강화도 가능하다.

국민 다수의 여망과 기대와 달리, 문재인 정부는 2018년 지방선거 이후로 친재벌 정책을 오히려 추진하고 있는 실정이다. 은산 분리 원칙을 허무는 인터넷전문은행 특례법 제정에 그치지 않고, 최근에는 차등의결권 제도 도입을 적극적으로 검토하고 있다. 또한 개인정보보호법 개악과 의료민영화 및 국민건강보험 단일 체계 훼손을 지속적으로 시도하고 있다.

2) 패러다임 전환을 위한 정책 제언

한국 경제가 지속가능한 성장을 위해서는 혁신형 경제로 전환해야 한다. 혁신형 경제에 대한 선구적 연구자인 아기옹 교수와 호윗(Howitt) 교수는 혁신형 경제의 제도적 전제조건으로 벤처캐피탈(Venture capital)의 발달, 재산권 보호 제도 확립, 시장 진입과 퇴출 장벽의 제거 등을 꼽았다.[13] 특히 이들은 시장으로의 진입이나 진입의 위협이 창조적 파괴에 가장 중요한 요소임을 강조하고 있다. 다시 말하자면, 혁신형 경제로 전환하기 위해서는 공정한 경쟁의 기회와 혁신의 유인을 제공하는 제도적 개혁이 필수적이다. 이런 제도적 개혁이 바로 공정경제의 확립을 의미하며, 공정경제는 혁신성장과 소득주도성장의 기반이 된다. 그런데 공정경제 확립을 위해서는 약자의 재산권 보호, 재벌개혁, 갑을 문제 해결이 필수적이다.

먼저, 약자의 재산권 보호를 위한 법제도의 확립이 필요하다. 혁신과 생산성 향상의 유인을 제공하기 위해서는 기술 탈취가 일어나지 않도록 약자의 재산권 보호가 필요한데, 이를 위해 현재 한국의 상황에서 가장 효과적인 방법은 징벌 배상과 디스커버리 제도의 도입이다. 징벌 배상은 가해자의 경제적 능력에 비례해 부과해야 효과적이다. 예를 들어, 기술을 탈취한 기업에 대해 그 기업 매출액의 10%를 징벌 배상의 상한으로 설정할 수 있을 것이다. 디스커버리 제도는 민사소송의 원고 측 변호인이 (법원의 허가하에) 형사재판의 검

---

13) Aghion and Howitt(1992).

찰처럼 증거를 수집할 수 있도록 허용하는 것이다.

둘째, 지배주주의 이해상충 방지를 위한 정책이 필요하다. 이를 위해서는 MoM(Majority of Minority) 규칙 도입이 바람직한데, MoM 규칙은 주총에서 비지배주주의 다수결로 의결이 필요한 사항들을 의미한다. 총수 일가의 이사와 임원 임명, 총수와 이들의 보수, 계열사 간의 M&A, 일정 규모 이상의 내부거래에 대해 MoM 규칙을 적용한다면, 총수 일가의 사익 추구와 이해 상충을 효과적으로 방지할 수 있을 것이다. 이를 위해, 상법을 개정하거나 거래소 상장 규칙에 관련 조항을 신설할 수 있다. 인도에서는 일정 규모 이상의 내부거래에 대해 상장 규칙으로,[14] 이스라엘에서는 총수 일가로서 임원의 보수에 대해 상법에서 MoM 규칙을 두고 있다.[15]

한편 공익법인과 금융보험사의 보유 계열사 주식에 대해 의결권 금지도 필요한데, 의결권을 매년 10%, 5%씩 제한을 강화하면서 3년 안에 금지하는 방안이 현실적이다. 또한 자사주를 소각하지 않고 처분할 경우에 신주발행절차를 준용하고, 회사가 분할이나 분할 합병할 경우에 자사주에 분할신주 배정을 금지하는 상법 개정도 필요하다.

셋째, 경제력 집중 해소를 위해 보다 적극적으로 정부가 노력해야 한다. 지주회사규제와 순환출자 규제를 별도로 둘 필요 없이, 규제 회피가 불가능하도록 일관된 기업집단 출자규제의 도입이 필요하다. 이를 위해서 2013년 이스라엘의 경제력집중법과 지주회사 규제를 처음 도입했을 때의 내용을 참고해,[16] 우리 현실에 맞는 방안을 도출할 수 있다. 예를 들어, 계열사(출자계열사)에게서 출자 받은 계열사(피출자계열사)는 다른 계열사에 출자를 금지(출자를

14) Li(2018).

15) Fried, Kamar and Yafeh(2018).

16) Committee on Increasing Competitiveness in the Economy(2012).

〈표 4-2〉 2013년 이스라엘 경제력집중법 주요 내용

주요 이슈	주요 내용
소유지배구조	상장회사 2층 구조의 피라미드 기업집단만 허용 기존 기업집단은 6년 안에 이 조건을 충족해야 함 새로운 기업집단에 대해서는 즉시 적용
금산분리	주요 금융기관과 주요 실물회사의 동시 보유 금지 (주요 금융기관은 자산이 400억 세켈을 초과하는 은행, 보험사, 증권사, 자산운용사를 포함한 모든 금융기관; 주요 비금융회사는 매출 또는 부채가 60억 세켈 이상이거나 독점사업자로서 매출 또는 부채가 20억 세켈 이상인 비금융회사)
국공유 자산 할당 조건	민영화, 주요 공공입찰, 라이센스 획득 등에 경제력 집중 우려기관(concentrated entities)의 참여 허용 여부를 권고하는 위원회(The Committee for the Reduction of Economic-wide Concentration) 설립

2층 구조로 제한)하되 100% 출자는 적용 제외하는 방안을 생각해 볼 수 있다. 이 경우에 출자계열사에게는 부채 비율을 규제하면 된다. 또한 3층 구조를 예외적으로 허용할지 여부도 고려해 볼 수 있는데, 이 경우에 손자회사(피출자회사의 피출자회사)의 사업 영역을 제한하고 이사의 1/2 이상을 MoM 규칙으로 선출하도록 기업 거버넌스 규제를 강화할 수도 있다. 규제의 수용성을 높이기 위해, 출자규제는 5대(또는 10대) 재벌, 상호출자제한기업집단, 공시대상기업집단 순으로 순차적으로 적용할 수 있을 것이다.

한편 주요 금융회사(그룹)와 주요 실물회사(그룹)를 동시에 지배하는 것을 금지하는 구조적 금산분리를 시행하되, 그 외의 복합금융그룹에게는 통합 감독 체계를 적용할 수 있을 것이다. 주요 회사(그룹)에 대한 정의는 이스라엘의 개혁 사례를 참고해 국내 실정에 맞게 조정할 수 있다.[17]

17) 박상인(2016)을 참고하라.

마지막으로, 갑을 문제 해소를 위해 다음과 같은 정책을 시행할 필요가 있다. 가맹점사업자, 대리점사업자 등 '을'의 협상력 강화를 위하여 단체구성권 부여에서 한걸음 더 나아가 단체 협약 권리를 보장할 필요가 있다. 다른 한편으로는 대규모 유통업자의 착취와 하도급 사업자에 대한 단가 후려치기를 공정거래법상의 수요독점 규제를 적용할 필요가 있다. 이를 위해서는 수요독점에 의한 가격 착취에 대한 부당성 기준을 명확히 하는 공정거래법 시행령 개정이 필요하다.

3) 기대효과

이런 정책들이 시행되면 단절된 제조업의 진화가 복원될 것이다. 물적 자본, 재벌 대기업, 가격경쟁력 중심의 제조업 구조가 인적자본, 중소·중견기업, 기술경쟁력 중심으로 바뀌어나갈 것이다.

제조업의 고도화와 고부가가치화는 많은 문제의 해결에 단초가 된다. 인적자본 중심, 중소·중견기업 위주의 독일의 제조업 고용 창출 능력은 한국의 1.2배인데, 경제구조가 독일식으로 바뀌면, 한국 제조업에서 많게는 양질의 일자리 100만 개가 생길 수 있다.

또한 독일은 중소기업의 임금이 대기업의 80% 수준인데, 기술경쟁력이 있는 중소·중견기업이 생기면 생산력 향상으로 임금이 올라가고, 원청기업과의 협상력도 높아짐으로 임금이 더 올라갈 것으로 기대된다. 중소기업의 임금이 올라가게 되면 대기업 비정규직의 임금이 같이 올라갈 것인데, 취업 현장에서 보면 구직자들은 대기업의 비정규직과 중소기업 정규직 중에서 선택하기 때문이다. 대기업—중소기업 임금 격차 해소는 임금 양극화 문제나 소득 양극화 문제 해결의 단초가 될 것이다.

양극화 해소와 계층 이동성 제고는 공정한 경쟁과 최소한의 인격적인 삶을 보장하는 기초가 되며, 이런 기본적인 구조 하에 정책적으로 양극화를 완화하는 노력을 더 하면 양극화 해소에 상당한 성과를 올릴 수가 있을 것이다.

4) 추진체계

경제 패러다임을 바꾸는 포괄적인 정책은 청와대가 직접 챙기지 않는다면 실현되기 어렵다. 따라서 정책실장이 위원장인 "산업 경쟁력 강화 위원회(가칭)"를 구성해 구체적 개혁 방안을 제시하고, 여당은 이를 총선 공약으로 반영하는 방안을 고려할 필요가 있다. 이 위원회는 금융위원회, 공정거래위원회, 기재부, 법무부, 중소기업부, 보건복지부 등의 차관급들과 경제수석 등을 망라하는 범정부 위원회로 구성해야 하는데, 위원회 구성과 역할 등은 이스라엘 사례를 참조할 만하다.

금융—비금융 복합재벌의 등장과 경제력 집중에 대한 점증하는 우려 속에 2010년에 이스라엘 정부는 경쟁력위원회(The Committee on Increasing Com petiti veness in the Economy)를 구성하여 본격적인 개혁에 나섰다. 경쟁력위원회는 금융·실물 규제위원회 및 정부기관의 고위 관료들로 구성되었는데, 각 위원은 자신의 소속기관에서 파견된 3~4명으로 이루어진 실무팀의 보좌를 받았으며, 위원들의 대리 출석은 금지(no delegation)되었다. 경쟁력위원회의 구체적 활동은 금산분리(the review of real and financial holdings), 소유지배구조(the review of control using a pyramid holding structure), 국공유자산 할당 조건(the review of the conditions for the allotment of public assets) 등을 다루는 3개의 소위원회를 통해 이뤄졌으며, 경쟁력위원회는 2011년 9월에 중간보고서(Interim Report)를 제출했고, 이에 대한 이해당사자들과 전문가들의 의견을 청

취하는 공청회를 개최하였으며, 2012년 3월에 최종보고서(Final Report)를 제출했다.

2012년 이스라엘 총선에서 이스라엘 개국 이래 처음으로 경제 이슈가 가장 중요한 선거 이슈였는데, 총선 결과 개혁에 대한 국민적 총의가 확인되었다. 이후 2013년 12월 9일에 이스라엘 의회는 기권 한 표를 제외하고 만장일치로 경제력집중법(Law for the Promotion of Competition and Reduction of Economic Concentration)을 통과했던 것이다.

5) 과정 관리

경제권력이 된 거대 재벌을 평상시에 개혁하는 것은 정치적으로 매우 어렵다. 그러나 국민적 총의가 모인 특별한 상황에서는 가능하다. 재벌개혁을 성공적으로 완수하기 위해서는 노동개혁과 함께 추구해야 한다. 재벌 대기업 노조 문제는 재벌 문제와 동전의 양면 성격을 지니다. 재벌개혁과 노동개혁을 동시에 추구함으로써 재벌과 노조에게 서로 양보와 동의를 이끌어내야 한다.

이와 함께 복지개혁과 재정 개혁의 청사진도 제시함으로써, 박정희 개발체제를 극복하는 새로운 경제질서를 제시할 필요가 있다. 특히 기업 연금의 정상화와 자영업 문제를 연계해 생각할 필요가 있는데, 국민연금만으로는 노후 보장이 충분히 되지 않으므로, 기업연금을 정상화하여 3층 구조의 연금 구조를 정립할 필요가 있다. 연금제도 강화가 노인 빈곤이나 자영업 몰락을 방지해 재정 부담을 줄이는 효과 역시 고려해야만 한다.

이행과정의 효율적 관리를 위해서는, 법 개정 없이 할 수 있는 재벌개혁부터 시작해 정부의 강한 개혁 의지를 천명할 필요가 있다. 일정 규모 이상의 내부거래와 총수 일가로서 임원의 보수는 주총에서 MoM으로 승인 및 계열사

간 기업결합에 대한 의결권 제한 등을 증권거래소 상장 규칙으로 규정하거나 보험업법 감독규정 개정을 하는 것은 이를 위한 유용한 수단이 될 수 있다.

한편 경제구조 개혁에 대한 청사진 제시와 함께 단기적 대책도 제시되어야 한다. 이런 단기 대책으로 창업의 기회와 국외 민간 벤처캐피탈과의 연계를 정부가 지원하거나, 적극적 노동시장 정책을 통해 조기에 청년 취업 유도, 일자리 창출과 사회양극화 해소에 필요한 재정 지출 확대 등을 고려할 수 있다. 이로 인한 재정건전성 악화 문제를 방지하기 위한 대책(세출 구조 개편 및 증세)도 동시에 추구할 필요가 있다. 아울러 조선, 자동차, 전자 등 한계점에 도달한 산업에 대해 한국형 '아우토 5000'과 같은 노사정 합의를 통한 한시적 산업 구조조정 정책이 필요하다. 경제구조 개혁이 효과를 내기까지 가격경쟁력 위주 산업의 붕괴를 막는 것은 노사 모두에게 이득이 되기 때문에, 노사가 동일한 희생을 감수하는 조건하에서 충분히 합의를 이룰 수 있을 것으로 기대된다.

참고문헌

강두용 외. 2016.『2015년 한국 제조업의 업종별 기술수준 및 개발동향』. 정책자료 2016-264. 산업연구원.

김도완·이상협. 2019. "산업별 노동생산성 변동요인 분석". ≪BOK 이슈노트≫, 제 2019-1호. 한국은행.

김세직. 2016.「한국경제: 성장위기와 구조개혁」. ≪경제논집≫, 55(1), 3-27.

박상인. 2016.「이스라엘 경제력집중법의 한국 재벌개혁에 대한 함의」. ≪한국경제포럼≫, 10(3), 1-32.

_____. 2017.『왜 지금 재벌개혁인가?』. 미래를 소유한 사람들.

이병훈·유형근. 2009.「자동차산업의 임금결정메커니즘에 관한 사례연구」. ≪한국사회학≫, 43(2), 1-24.

현대경제연구원. 2018. "한국 주력산업의 위기와 활로". ≪경제주평≫, 18-14.

Acemoglu, D. P. Aghion and F. Zilibotti. 2006. "Distance to Frontier, Selection, and Economic Growth." *Journal of the European Economic Association,* 4(1): 37~74.

Aghion, P. and P. Howitt. 1992. "A Model of Growth through Creative Destruction." *Econo metrica,* 60(2), 323~351.

Committee on Increasing Competitiveness in the Economy. 2012. Final *recommendations and supplement to the interim report.*

Fried, J. M., Kamar, E. and Y. Yafeh. 2018. "The Effect of Minority Veto Rights on Controller Tunneling." ecgi Law Working Paper No.385.

Herrigel, G. 2010. *Manufacturing Possibilities.* Oxford University Press.

Li, N. 2018. "Do Greater Shareholder Voting Rights Reduce Expropriation? Evidence from Related Party Transactions." Columbia Business School Working Paper.

Lucas Jr. R. 1993. "Making a Miracle." *Econometrica,* 61(2), 251~272.

Rajan, R. G. and L. Zingales. 2003. *Saving Capitalism from the Capitalists.* Princeton University Press.

제5장

복지재정과 교육재정 적정성 전망과 지방재정 운용의 시사점*

이선화 | 국회미래연구원 연구위원
류덕현 | 중앙대학교 경제학부 교수

1. 문제 제기

저출산·고령화로 대표되는 인구구조의 급격한 변화는 세입 기반을 위축시키는 한편 복지비 부담을 가중시켜 지속가능한 재정 운영을 어렵게 한다. UN의 국민계정 분류(COFOG)는 정부의 기능을 10개 대부문으로 분류하고 있는데 이 중 복지재정과 교육재정은 인구구조 변화에 대응하여 가장 큰 변화가 예견되는 부문이다.[1] 따라서 제5장은 저출산·고령화에 따른 재정 운용 적정

---

* 이 글은 한국경제발전학회의 ≪경제발전연구≫, 제24권 4호(2018.12)에 실린 글을 수정한 것이다.

1) OECD 21개 국가(1995년 이전 가입국 대상)를 대상으로 인구 구성비(유소년인구비 및 노령인구비)와 10대 부문별 지출 비중의 상관성을 사전 검토한 결과 사회 보호와 교육 부문의 상관계수가 가장 높은 것으로 조사되었다. 교육 부문의 상관계수는 유소년인구비와는 0.5342, 노령인구비와는 −0.5397이며, 사회 보호 부문의 상관계수는 유소년인구비와는 −0.4178, 노령인구비와는 0.5062로 추정되었다.

화 문제와 관련하여 복지재정과 교육재정을 중심으로 분석을 진행하였다. 부문별 행정적 운영 주체로 보면 복지지출은 지방자치단체의 일반 지방재정[2]과 연계되어 있으며, 교육 지출은 시도교육청의 지방 교육재정(이하 교육재정)과 관련되어 있다. 지방정부의 사회복지 예산은 지난 10년 동안 매년 10%에 가까운 증가율을 보였으며 지방정부 순계예산에서 차지하는 비중도 2008년 17%대에서 2017년 25%대로 8%p가량 상승하였다. 노인인구비가 높은 지방정부의 경우 복지지출의 증가로 인해 자체 사업에 대한 지출을 축소할 수밖에 없으며, 지역 주민은 지방정부가 담당하는 공공재의 과소 공급에 따른 후생 수준의 하락이나 지방재정 건전성의 악화를 받아들여야 하는 상황에 처하게 된다. 일반 지방재정과 달리 교육재정은 무상급식, 누리과정 등 지출 증대 요인에도 불구하고 학령인구의 감소로 인해 학생 1인당 예산은 다른 부문에 비해 증가할 것으로 예상된다. 이는 교육 세입이 내국세 및 지방세 세수에 연동되어 있어 학생 수 감소라는 세출 요인의 변화가 총 세입에 영향을 주지 않는 교육재정의 독특한 예산 구조에 기인한다. 이러한 교육예산 운영 구조는 교육 분야의 특수성을 인정하고 지출을 안정적·체계적으로 관리할 수 있다는 장점이 있는 반면, 부문 간 칸막이 예산운영으로 인해 재정 수요자의 다양한 요구에 대한 유연한 대처가 어렵다는 문제에 노출되어 있다(임성일, 2011; 손희준 외, 2016).

본 연구는 정부 기능별 재정 구성비를 사용해 인구구조 변화에 대응한 우리나라 복지재정 및 교육재정의 적정성을 평가하고 자치행정의 두 축인 지방

---

2) 지방재정은 넓은 의미에서 지방자치단체와 교육자치단체의 재정을 포괄하며 협의로는 지방자치단체의 일반 지방재정을 지시한다. 본 연구에서 지방재정은 문맥에 따라 광의 또는 협의로 사용되며 일반 지방재정은 의미를 명료화할 필요성이 있는 경우에 한해 사용하고자 한다.

재정과 교육재정 운용에 대한 시사점을 도출하고자 한다.

기능별 예산 편성의 적정성에 대한 질문은 크게 두 가지 방식으로 접근할 수 있다. 우선 사회후생함수의 구성을 통해 사회 후생을 극대화하는 적정 정부지출을 추정하는 접근방식이 있다. 스컬리(Scully, 1998), 김성태 외(2013), 김성태·김명규(2015), 전영준 외(2013)는 모두 사회 후생함수를 가정하고 특정한 제도적 환경하에서 GDP 성장률을 극대화시키는 부문별 정부지출의 규모를 추정하였다. 예를 들면, 김성태·김명규(2015)는 2015년 기준 우리나라의 GDP 대비 사회복지 지출 적정 수준을 17.9%로 추정하고 현재 지출 수준(2013년 9.7%)이 적정치를 크게 하회하므로 복지지출 수준을 지속적으로 증가시킬 필요가 있다고 주장하였다. 전영준 외(2013)는 평생 소득에 따른 다소득계층 세대 중첩 모형(Multi-Income-Class Overlapping Generations Model)을 이용하여 복지 확대에 따른 후생효과를 추정하는 방식으로 복지지출 수준의 적정성을 평가하였다. 한편, 다른 접근방식은 OECD 국가를 대상으로 한 회귀분석을 통해 정부 예산 부문별 재정 수준 결정요인을 추정하고 이를 기준으로 적정 재정지출 수준을 평가한다. 김진영(2015)은 1인당 지출 수준, 총지출 대비 부문별 지출 수준을 지표로 복지재정과 교육재정의 상호관계와 결정요인을 분석하였다. 연구 결과에 따르면 교육재정과 복지재정 모두 소득수준 대비 1인당 지출 규모는 대상 인구수가 증가할수록 감소한 것으로 나타났다. Sanz and Velazquez(2002), 김의섭·황진영(2006), 류덕현(2008) 등은 시스템 회귀분석모형을 사용하여 분야별(경제, 복지, 교육, 기타) 지출 수준에 대한 결정요인을 추정하였다.[3] 본 연구는 OECD 국가에서 복지지출과 교육 지출의 결

---

3) 복지지출과 교육 지출은 현금 혹은 현물성 지출로 소득재분배에 영향을 미칠 수 있다. 이런 점에서 황진영(2006)은 국가별 패널자료 분석을 통해 재정지출이 지니계수로 측정되는 소득불평등에 미치는 영향을 분석하였다.

정요인을 분석하고 이를 준거로 재정 전망치의 적정성을 평가하는 후자의 접근방식을 취하였다.

부문별 정부 재정지출 결정요인은 크게 경제적 요인, 인구적 요인, 제도적 요인 등으로 구분된다. 경제적 결정요인으로는 소득수준이 높아짐에 따라 공공재 수요가 증가하여 정부예산 규모가 커지게 된다는 바그너 법칙(Wagner's law)에 따라 1인당 소득이 주로 사용된다. 인구구조적 요인은 두 가지 측면에서 재정지출을 결정한다. 첫 번째는 분야별 재정 수요가 특정 인구에 집중되는 경우로 학령인구를 대상으로 하는 교육재정과 노령인구를 주요 수요 계층으로 하는 복지재정이나 보건·의료 등이 대표적이다. 수요층이 특정되거나 특정 연령대에 집중되는 경우 관련된 인구의 비중은 지출 규모의 직접적 결정요인이 된다. 두 번째로 인구 구성비는 정치경제학적으로 공공선택에 영향을 미칠 수 있다. 예를 들어 노령인구에 대한 복지예산은 노령인구수와 대상 인구 1인당 지출액에 의해 결정되는데 1인당 지출은 정치공동체가 선택하는 정책적 의사결정의 산물이다. 정책 결정에 영향을 주는 유권자 중 노령인구비가 높아질수록 노인 계층은 인당 노인복지 예산 편성에서 자신에게 유리한 선택을 이끌어낼 가능성이 높다. 대상별 지출 결정에 대한 정치경제학적 설명이 유효하다면, 노인인구 증가에 대한 노인복지 지출액의 탄력성이 1보다 높아지는 결과를 예측해 볼 수 있다.[4] 세 번째 요인은 노동조합 조직률, 경제의 대외의존도 등과 같은 역사적 및 제도적 환경이다. 이 경우 관측되지 않는 문화적 요소가 복합적으로 영향을 줄 수 있으므로 설명변수를 정량화하기 어렵다는 한계가 있다.

---

4) 인구구조의 변화가 경제성장에 미치는 효과 역시 고려해 볼 수 있는데 이에 대해서는 이현훈 외(2008)를 참고할 수 있다.

지방재정과 교육재정에 대한 전망은 세입 및 세출의 제도적 결정요인이 현재 방식으로 유지되는 것을 전제조건으로 수행되었다. OECD 주요국의 재정 운영을 벤치마크로 적용한 결과와 한국의 현 제도에 기반한 재정 운용의 결과를 비교함으로써 우리나라 지방재정이 직면한 문제점과 정책적 과제를 제시하였다.

제5장의 구성은 다음과 같다. 2절은 OECD와 우리나라의 부문별 재정지출에 대한 비교와 함께 OECD 국가를 대상으로 복지와 교육 부문 재정지출 결정요인을 추정한다. 3절은 인구구조 변화를 중심으로 지방재정과 교육재정에 대한 장기 전망 결과를 제시한다. OECD 재정 운용 추정치를 사용한 부문별 재정지출 전망과의 비교를 통해 지방재정과 교육재정 운용에 대한 시사점을 도출한 것 역시 3절의 주요 내용이다. 마지막으로 4절에서는 연구의 결과와 정책적 시사점을 종합적으로 논의한다.

2. 부문별 재정 운영 적정성 분석

1) COFOG 부문별 재정지출의 국제 비교

OECD와 우리나라의 부문별 재정지출을 UN 국민계정에 따른 정부기능분류(COFOG)별 지출을 사용해 비교·분석하였다.[5] COFOG는 "일반정부단위가

5) SNA(National Accounts of OECD Countries, SNA 2008)는 정부지출을 정부 기능분류(COFOG: Classification of the Functions of Government)에 따라 10개의 대부문, 69개의 소부문으로 분류한다(국회예산정책처, 2017). 노인복지지출은 사회 보호(social protection. 이하에서는 사회복지로 명명)의 하위 부문이다.

다양한 종류의 지출을 통해 달성하고자 하는 기능이나 사회·경제적 목표에 대한 상세 분류 기준"[6]으로 정부 목적에 따른 기능별 분류체계이다. 김완희·정성호(2015)는 COFOG 분류의 최대 장점으로 "각 국가의 정부 조직 형태나 기존 조직의 개편 여부 등에 상관없이 통계의 일관성을 유지"(25쪽)할 수 있다는 점을 들고 있다. 국가 간 시계열 비교에서는 무엇보다도 통계 작성의 일관성을 확보하는 것이 관건이므로 본 연구에서는 COFOG 자료를 활용하여 분석을 수행하였다. 또한 COFOG 분류에 의한 재정지출의 경우 정부의 총규모 대비 기능별 재정지출의 구성을 일관되게 추적할 수 있다는 점도 본 연구의 목적에 부합한다. COFOG 분류에 따른 예산 작성은 국가재정법에 의한 프로그램 예산 체계를 토대로 작성된다. 부문에 따라 COFOG 분류체계와 프로그램 예산 체계가 완전히 일치하지 않는 경우가 있으나 교육, 사회 보호, 보건은 프로그램 예산 체계상 교육, 사회복지, 보건 부문과 일치한다. 대표적 사회복지 지출 통계인 SOCX(Social Expenditure Database)는 사회 보호와 보건을 합산한 것임에 비해 COFOG는 사회 보호와 보건 분야를 분리하고 있음에 유의해야 할 것이다. 또한 대부분 부문에서 R&D 지출은 경제 부문 지출로 분류됨에 비해 교육 부문 R&D 지출은 교육 지출에 포함된다.

2015년 한국의 일반정부 예산 대비 분야별 재원배분을 OECD 평균과 비교하면 한국은 사회복지·보건이 OECD 평균보다 비중이 낮은 반면 국방·경제·교육 부문의 지출 비중은 OECD 국가 평균보다 높다(〈그림 5-1a〉). 특히 사회복지 분야에서 한국의 재정지출 비중은 20.1%로 OECD 평균보다 16%p나 낮음에 비해 경제 부문은 16.2%로 5.3%p, 교육 부문은 16.2%로 4%p 높게 나

6) 김완희·정성호(2015, 21쪽)에서 재인용(원문은 IMF, "GFSM 2014," 6장 부록)하였으며 이하 COFOG 분류체계에 대한 설명 또한 같은 책을 참조하여 작성하였다.

〈그림 5-1〉 한국과 OECD 기능별 정부지출 비중

(a) 일반정부 총예산 대비 부문별 재정 규모의 비중(2015년)

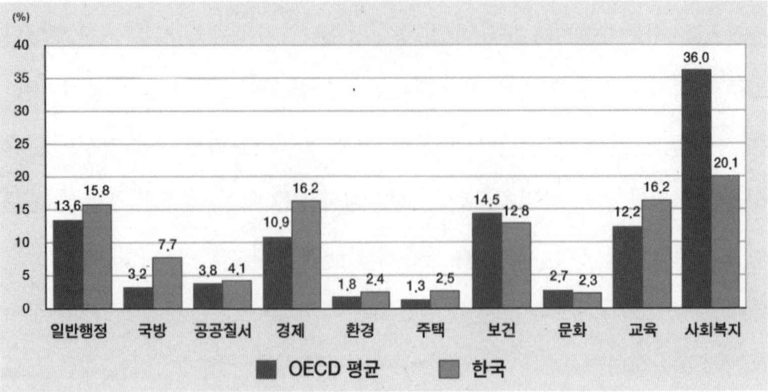

(b) 기능별 정부지출 비중의 평균 격차(한국—OECD)

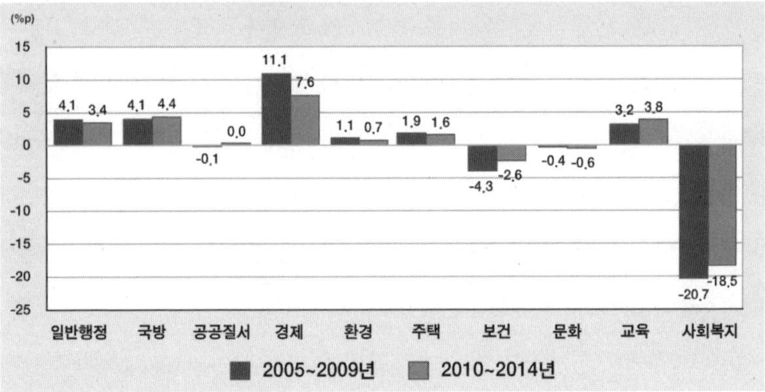

주: 패널 (b)는 한국의 각 기간 평균값에서 OECD 국가 평균의 기간 평균값을 차감한 값임.
자료: OECD National Accounts.

타났다.

한국의 기능별 지출 배분 추이는 최근 10년(2005~2014년)을 전반기와 후반기로 나누어 OECD 국가와 한국의 지출 비중 차이(〈그림 5-1b〉에서 막대그래프의 크기)를 통해 확인하였다. 기간별 막대그래프의 차이가 클수록 OECD 평균 대비 한국의 해당 부문 재정지출 구성이 크게 변화하였음을 의미하는데, 경제, 사회복지, 보건의 순으로 두 막대 간 차이가 큰 것으로 나타났다. 한국과 OECD 간 격차가 가장 두드러진 영역은 사회복지 부문이다. 한국은 최근 들어 복지 강화로 재정 운용 기조가 변화함에 따라 OECD 다른 국가와의 차이가 줄어들었으나 여전히 그 갭은 18.5%p에 달한다. 경제 부문은 전 기간에 걸쳐 OECD 평균보다 지출 비중이 높은데 후반기는 전반기에 비해 OECD와의 격차가 3.5%p 감소하였다. 한국과 OECD 간 평균 지출 비중의 격차가 큰 대부분 부문에서 후반기에 이르러 그 갭이 축소된 것으로 나타나 한국의 재정지출 기조가 OECD 국가의 평균적 운영방식과 유사해지고 있음이 확인된다. 다만, 교육 지출은 전반기(+3.2%p)보다 후반기(+3.8%p)에 오히려 격차가 확대되어 다른 부문과 대조를 이루었다. 교육 부문에서 한국과 OECD 국가 간 지출 비중 차이가 축소되지 않는 것은 학령인구와 같은 수요 측 결정요인과 무관하게 총조세의 일정비로 고정되어 있는 한국의 교육재정 편성 방식에서 그 원인을 찾을 수 있을 것이다. 구체적으로 보면 OECD 국가의 경우 유소년인구비 감소에 대응하여 정부총지출 대비 교육 지출 비중이 전반기 12.4%에서 후반기 12.1%로 감소한 반면, 한국은 유소년인구비 감소에 대응하는 지출 편성이 이루어지지 못하였으며 그 결과 교육 지출 비중이 전반기 15.6%에서 후반기 15.9%로 오히려 증가한 것이다.

2) 회귀분석에 의한 부문별 재정지출 결정요인 분석

복지재정과 교육재정은 특정 연령대를 중심으로 지출 수요가 집중된다는 특성이 있으므로 1인당 GDP와 인구 구성비를 설명변수로 하는 회귀분석 모형[식 (1)과 식 (2)]을 통해 부문별 지출 결정요인을 분석하였다. 이하 분석에서 복지재정은 SOCX 분류와 달리 보건 분야를 제외한 COFOG 사회 보호(한국 프로그램 예산 체계상 명칭은 사회복지) 부문으로 단독 구성된다. 보건 부문 또한 노인인구 구성비와 밀접하게 관련되어 있을 것으로 예상되지만 인구구조에 의한 수요 요인 외에 보건·의료 부문에 대한 제도적 차이(프로그램 예산에 따르면 보건의료, 건강보험, 식품의약안전으로 구성)에 따른 영향이 크다는 점을 고려하여 인구 구성비를 주요 설명변수로 하는 본 연구에서는 제외하였다. 정부의 기능별 지출에 영향을 주는 제도적·문화적 결정요인에 대해서는 역사적 동질성이 높은 국가들로 분석 대상을 한정하는 방식으로 통제하였다. 즉 정량화되기 어려운 제도적 차이에 의한 편차를 최소화하기 위해 분석 대상은 1995년 이전에 OECD에 가입한 21개 국가만으로 구성하였다.[7)]

$$(1)\ (\mathrm{exp}_i/\mathrm{EXP}) = a + \beta_1 \ln(1\text{인당}\, GDP) + \beta_2 POP_{65} + \beta_3 POP_{15} + \epsilon$$

$$(2)\ (\mathrm{exp}_i/\mathrm{EXP}) = a + \beta_2 POP_{65} + \beta_3 POP_{15} + \beta_4 \mathrm{EXP}/GDP + \epsilon$$

EXP =정부 총지출; exp_i =부문 i 지출; POP_{15}=만15세 미만 인구비; POP_{65}= 만65세 이상 인구비

회귀분석 방정식의 종속변수는 정부 총예산 대비 사회복지(COFOG 부문 10), 교육(COFOG 부문 9), 노인복지비(COFOG 10의 하위부문)의 비중이며 대상 기간은 1995~2015년이다. 설명변수로는 1인당 GDP, 유소년 인구(만 15세 미만)의 비중과 노령인구(만 65세 이상)의 비중을 함께 사용하였다[(식 (1)]. 대안적

7) 대상 국가는 호주, 오스트리아, 벨기에, 덴마크, 핀란드, 프랑스, 독일, 그리스, 아이슬란드, 아일랜드, 이탈리아, 일본, 룩셈부르크, 네덜란드, 노르웨이, 포르투갈, 스페인, 스웨덴, 스위스, 영국, 미국 등이다.

〈표 5-1〉 OECD 주요국가 기초 통계량

변수명		표본수	평균값	표준편차	최소값	최대값
유소년인구(만 15세 미만) 비중(%)		429	17.7	2.7	12.5	28.3
노령인구(만 65세 이상) 비중(%)		429	16.0	2.8	9.8	26.8
1인당 GDP(USD)		429	39,683	12,197	20,860	91,368
정부지출 대비 비중(%)	교육	429	12.1	2.5	7.3	
	사회복지	429	35.4	7.2	16.1	
	-노인복지	314	18.2	5.5	5.6	
GDP 대비 비중(%)	교육	429	5.4	1.0	3.4	
	사회복지	429	16.4	5.1	5.5	
	-노인복지	314	8.6	2.9	2.4	

자료: OECD National Accounts.

으로 식 (2)는 소득수준 상승이 GDP 대비 정부지출 총규모를 증가시킨다는 바그너 법칙을 반영하여 소득수준을 일반정부 총규모로 대체한 것이다. 소득수준 대신 일반정부 총규모를 통제 변수로 사용하는 것은 주어진 정부 규모하에서 지출 기능별 예산의 배분 방식이 어떻게 달라지는지를 확인하는 의미를 갖는다. 본 연구는 주어진 정부 규모하에서 재정 운용보다는 소득수준 변화에 따른 종합적 효과분석을 목적으로 하므로 식 (1)의 회귀분석 결과를 전망에 사용하였다. 패널모형방법론으로는 pooled-OLS, 고정 효과 패널 모형, 확률 효과 패널 모형 세 가지를 사용하였다. 사용 데이터의 기초 통계량은 〈표 5-1〉과 같다.

〈표 5-3〉~〈표 5-5〉는 교육, 사회복지, 노인복지를 대상으로 한 부문별 지출 비중 결정요인에 대한 추정 결과이다. 각 표에서 모형 1은 합동OLS(pooled OLS), 모형 2는 고정 효과 패널 모형, 모형 3은 확률 효과 패널 모형을 이용한 추정치이다. 〈표 5-2〉는 3개 회귀모형 간 적합도 분석을 위한 검정 결과이다.

〈표 5-2〉 회귀모형의 검정 결과

	교육 지출	복지지출	노인복지
F-test (Prob 〉 chi2)	0.0000	0.0000	0.0000
Breusch-Pagan Test (Prob 〉 chi2)	0.0664	0.0000	0.3857
Hausman (Prob 〉 chi2)	0.6250	0.0207	0.0378

〈표 5-3〉 정부 총예산 대비 교육 부문 지출 추정

변수명	모형 1: OLS	모형 2: 고정 모형	모형 3: 확률 모형
ln(1인당 GDP)	1.095***(3.030)	4.113***(9.097)	3.999***(9.347)
15세이하 인구 비율	0.456***(6.099)	0.413***(6.300)	0.401***(6.377)
65세이상 인구 비율	-0.124*(-1.707)	-0.089**(-2.374)	-0.091**(-2.423)
상수	-5.580(-1.183)	-37.220***(-6.398)	-35.636***(-6.451)
대상 국가 수 21, 관측치 수 429			

주: 괄호 안은 t-value임. *, **, ***는 각각 10%, 5%, 1% 수준에서 통계적으로 유의함을 의미.

〈표 5-4〉 정부 총예산 대비 사회복지 부문 지출 추정

변수명	모형 1: OLS	모형 2: 고정 모형	모형 3: 확률 모형
ln(1인당 GDP)	8.087***(8.221)	-2.642**(-2.398)	-2.276**(-2.193)
15세이하 인구 비율	-0.449**(-2.206)	0.013(0.083)	0.039(0.254)
65세이상 인구 비율	1.224***(6.203)	0.891***(9.714)	0.895***(9.721)
상수	-61.500***(-4.790)	48.833***(3.445)	44.666***(3.335)
대상 국가 수 21, 관측치 수 429			

주: 괄호 안은 t-value임. *, **, ***는 각각 10%, 5%, 1% 수준에서 통계적으로 유의함을 의미.

〈표 5-5〉 정부 총예산 대비 노인복지 부문 지출 추정

변수명	모형 1: OLS	모형 2: 고정 모형	모형 3: 확률 모형
ln(1인당 GDP)	4.238***(5.161)	-3.861***(-3.428)	-3.674***(-3.577)
15세이하 인구 비율	-0.860***(-4.713)	-0.139(-0.743)	-0.161(-0.934)
65세이상 인구 비율	0.967***(6.270)	1.075***(11.865)	1.073***(11.873)
상수	-27.937***(-2.776)	43.562***(2.952)	41.630***(3.111)
대상 국가 수 18, 관측치 수 314			

주: 괄호 안은 t-value임. *, **, ***는 각각 10%, 5%, 1% 수준에서 통계적으로 유의함을 의미.

오차 항이 고정된 개체 특성을 갖는지에 대한 F-test 결과 세 부문 모두 지출 비중 결정에 있어 국가별 특성을 고려해야 할 필요성이 있음이 확인되었다. pooled-OLS와 확률 모형 간 적합성 판정을 위해서는 Breusch-Pagan 검정을 사용하였는데 복지 부문은 임의 효과가 존재하지 않는다는 가설을 기각한 반면 노인복지 부문은 기각하지 못하였다. 교육 부문 지출의 경우 5% 유의수준에서는 가설을 기각하나 10% 수준에서는 기각하지 못하는 것으로 나타났다. 끝으로 Hausman 검정의 결과 복지 및 노인복지 부문은 고정 효과 모형이, 교육 부문은 확률 효과 모형이 적합한 것으로 추정되었다. 회귀분석 모형 간 적합도 검정결과에 따라 교육 부문은 확률 효과 모형, 복지 및 노인복지 부문은 고정 효과 모형을 전망 분석에 적용하기로 한다.

부문별 회귀분석 결과에 따르면 1인당 GDP가 1% 증가할 때 교육 부문 지출은 0.04%p가 증가한 반면, 사회복지 부문 지출은 0.026%p, 노인복지 부문 지출은 0.039%p씩 감소하게 된다. 즉 소득수준에 대응하여 교육 지출과 노인복지지출은 반대 방향으로 반응하며 그 탄력성은 거의 유사한 것으로 나타난 것이다. 사회복지 지출은 노인복지지출을 포함하며 반응 방향은 동일하나 탄력성은 노인복지지출보다 낮았다. 유소년 인구비의 1%p 감소는 교

육 부문 지출을 0.401%p 감소시키나 복지지출에는 영향이 없는 것으로 확인된다. 유소년 인구 비중의 감소라는 인구구조 변화가 진행되었을 때 OECD 21개국은 그에 상응하여 교육비 지출을 감소시켰으나 복지 부문에 대한 재정 운용은 유소년 인구 비중과는 무관함이 확인된다. 노령화에 따른 예산 편성 효과를 보면 노령 인구비 1%p 증가 시 교육 부문 지출은 0.091%p가 감소하였으며, 사회복지 부문 지출은 0.891%p, 노인복지 부문 지출은 1.075%p가 각각 증가한 것으로 나타났다. 인구구조 변화가 OECD 국가 재정 운용에 미친 결과를 종합해 보면, 유소년인구 비중의 감소는 지출 대상 인구와 관련이 있는 교육 부문에만 영향을 준 반면 노령인구의 증가는 직접적 관련성이 높은 복지(전체, 노인복지) 부문뿐만 아니라 교육 지출 편성에도 일부 영향을 주었다. 즉 교육 부문의 경우 유소년인구비와 노령인구비 양자 모두에 의해 영향을 받는데 각 인구비 영향도의 상대적 크기는 대략 4:0.9이다. 다음으로 3절에서는 부문별 최적 모형의 추정치를 적용하여 중장기 재정지출을 전망하였다(〈표 5-7〉).

3. 복지재정 및 교육재정 전망과 지방재정 운용 시사점

1) 복지재정과 교육재정 지출에 대한 장기 전망

인구 증가율 및 구성비의 변화는 복지재정과 교육재정 수요의 핵심적 결정요인이다. 통계청(2017)의 장기인구추계 중위 시나리오에 따르면 우리나라 총인구는 2031년 5296만 명을 정점으로 감소하기 시작하며, 65세 이상 노령인구는 2015년 654만 명(12.8%)에서 2025년 1000만 명을 초과하며 2045년에는

1818만 명(35.6%)에 이를 전망이다. 특히 2020~2035년은 베이비부머가 노령인구에 진입하는 시기로 이 기간 동안 노령인구 비중은 13.1%p가 증가하여 현재의 2배 수준에 도달할 것으로 예측되었다. 노령인구는 복지비용에서 가장 큰 비중을 차지하게 될 기초연금 등에서의 지방정부 부담분 상승을 초래하는 요인이다. 만 15세 미만 유소년 인구[8]는 2015년 703만 명(13.8%)에서 2025년 635만 명(12.1%), 2045년 515만 명(10.1%)으로 크게 하락할 전망이다. 모형 (1)의 설명변수 중 인당 GDP 전망치는 기획재정부의 GDP 성장 전망과 인구 전망을 결합하여 계산하였다.

〈표 5-3〉~〈표 5-5〉의 계수 추정치는 인구 구성비와 인당 GDP 변화에 대응한 OECD 국가의 부문별 재정지출 변화분을 의미한다. 이 추정치에 〈표 5-6〉의 전망치(1인당$\widehat{GDP}$, $\widehat{POP}_{65}$, $\widehat{POP}_{15}$)를 적용하면 인구 및 소득수준 변화에 대응하여 OECD 국가 방식으로 재정을 운용하는 경우 부문별 재정지출 비중이 얼마나 변화해야 하는지가 도출된다[식 (3)]. 종속변수의 변화분은 OECD

〈표 5-6〉 복지지출과 교육 지출 결정요인에 대한 전망치

연도	인구 구성비 (%)			기간	연평균 증가율 (%)	
	노인인구	유소년인구	생산가능인구		인구	GDP
2020	15.6	10.5	71.7	2017~2020	0.34%	6.10%
2025	20.0	10.0	68.0	2020~2025	0.24%	5.52%
2035	28.7	9.2	60.0	2025~2035	0.04%	4.58%
2045	35.6	8.8	54.3	2035~2045	-0.34%	3.60%
2060	41.0	7.8	49.6	2045~2060	-0.80%	3.17%

자료: 통계청, 「장래인구추계: 2015-2065」(2017), 기획재정부(2015).

8) 교육재정 수요층은 만 6~21세로 정의되는 학령인구를 사용하여야 하지만, 제5장에서는 OECD 인구통계와의 일관성을 위해 교육재정 전망 변수로 학령인구 대신 유소년 인구 비중을 사용한다.

국가의 지난 20년간 재정 운용 방식에 따른 재정 운용 방식을 의미한다.

$$(3)\Delta(\exp_i/EXP)^* = \hat{\beta}_1 \Delta \ln(1\text{인당}\widehat{GDP}) + \hat{\beta}_2 \Delta \widehat{POP}_{65} + \hat{\beta}_3 \Delta \widehat{POP}_{15}$$

다음으로 중장기 한국의 부문별 지출 비중 절대치에 미치는 영향을 확인하기 위해 초기값을 2015년 한국의 부문별 지출 비중[9]으로 고정하고 향후 지출 비중 전망치를 계산하였다(〈표 5-7〉). OECD 21개국의 지난 20년간 재정 운영 방식을 수용하는 경우 사회복지 분야 지출 비중은 2015년 20.2%에서 2025년 23.1%, 2045년 30.8%로 상승하며, 노인 부문 지출 비중은 2015년 4.2%에서 2025년 6.2%, 2045년 13.5%로 상승한다. 반면 교육 부문 지출 비중은 2015년 16.2%에서 2025년 16.1%, 2045년 15.1%로 하락하게 된다. 한국의 인구 구성과 소득수준이 2015년의 OECD 21개국 평균에 가장 근접한 해는 2025년이다.[10] 따라서 2025년 한국의 부문별 재정 비중 전망을 2015년 OECD 21개국 평균과 비교하면 설명변수를 유사한 값으로 통제한 상태에서 부문별 재정지출 수준에 대한 평가가 가능하다.

2025년 한국의 총예산 대비 교육재정 비중의 전망치는 16.1%로 유사한 조건의 OECD 국가들이 '2015년에 선택한 평균치'에 비해 4.3%p가량이 높으며, 사회복지 전체 및 노인복지지출 비중의 전망치는 23.1%와 6.2%로 OECD 평균에 비해 각각 15.3%p, 14.0%p가 낮은 것으로 나타났다. 특히 교육재정

---

9) OECD COFOG 통계를 사용하였다. 단 OECD 국가계정에서 한국의 노인 부문 지출 통계는 제공되지 않기 때문에 노인 부문 초기값으로는 기초연금과 노인돌봄 서비스를 합산한 추정치(4.15%)를 사용하였다.

10) 한국의 노령인구비와 인당 GDP가 OECD 평균에 근접해지는 2025년에 유소년인구비는 OECD 평균을 크게 하회하였다. 한국의 유소년인구비는 이미 OECD 수준보다 낮은 수준이며 앞으로 그 격차는 더욱 확대될 전망이다.

〈표 5-7〉 부문별 추정치를 사용한 교육 및 복지 분야 재정 비중 전망

연도	설명변수 (전망치)			종속변수 (추정치, %)[1]		
	유소년 인구비	노령 인구비	1인당 GDP(USD)	교육재정	사회복지	
						노인 부문
2020	12.65	15.65	38,853	16.16	20.98	6.78
2025	12.06	19.97	44,165	16.05	23.08	6.20
2035	11.32	28.72	54,558	15.64	27.41	11.19
2045	10.10	35.61	65,652	15.07	30.78	13.50
2060	9.43	40.97	87,939	15.56	33.17	15.11
OECD 21개국 평균 (2015년 기준)	16.39	18.60	44,178	11.72	38.39	20.26

주: 1) 2015년 관측치를 초기값으로 설정한 경우의 전망치임.

비중은 OECD 국가의 경우 유소년 인구 비중 16.4%에 대응한 값이며 한국은 12.06%에 대응한 값이다. 한국은 교육 지출 수요층 인구 비중이 OECD 주요 국가보다 4%p 이상 낮음에도 불구하고 지출 비중은 OECD 국가보다 4%p 이상 높을 것으로 전망된 것이다. 사회경제적 변화에 대응하여 재정 운용을 OECD 국가의 역사적 경험치에 적응하게끔 조정하더라도 한국의 부문별 재정지출 '절대' 비중은 OECD 벤치마크 값에서 크게 벗어나 있음이 확인되는데, 이는 기준연도인 2015년 한국의 교육재정과 복지지출, 노인복지 비중의 초기값이 OECD 국가의 지출 구성과 큰 차이를 갖는 데서 비롯되었다. 재정 정책 측면에서 이상의 결과는 부문별 재정구조에 대한 개혁 없이는 한국에서 복지재정 과소 및 교육재정 과다의 문제가 해소되기 어려움을 시사한다.

2) 지방재정 및 교육재정 운영에 대한 시사점

(1) 지방재정 및 교육재정 전망

여기에서는 세입과 세출을 결정하는 제도적 여건이 고정되어 있다는 전제하에 현 제도를 기준선으로 지방재정과 교육재정을 전망하고[11] OECD 국가의 부문별 운용 방식과 비교하였다. 복지재정과 교육재정이 정부의 기능별 재정 배분 평가와 관련되어 있다면 지방재정과 교육재정으로의 구분은 행정적 운영 단위로서 지방자치단체 및 시도교육청의 재정 운용 문제와 관련된다.[12]

지방재정은 세출과 세입 각각을 전망하고 각 전망치에 따른 재정수지 규모를 추정하였다. 지방정부 세입은 지방세, 세외수입, 이전지출(=지방교부세와 국고보조금)로 구성되며 GDP, 인구, 국세 수입, 국고보조 복지사업 규모 등이 주요 결정요인이다. 지방세와 세외수입은 경제 규모와 인구구조를 반영한 아래 단순 회귀 모형을 이용하여 추정하였다. 회귀분석에 사용된 관측치의 범위는 지방자치가 실시된 1995년부터 2016년이다. 경제 규모 변수로는 경상 GDP (GDPt)를, 인구 변수로는 노인 부양비를 변형한 지수인 만 20~64세 인구 대비 노령인구의 비중(POPt)[13]을 사용하였다. 1997년 외환위기에 대한 통제를 위해 1998년에서 2001년까지 시기에는 더미변수(Dt)를 적용하였다. 지방교부

---

11) 일반 지방재정 세입과 세출 전망방법론은 최병호 외(2016)의 추정 방식을 취하였다. 방법론과 제도적 배경은 이선화(2018)의 III장과 같다.

12) 인구구조의 변화는 광역시와 광역도, 수도권과 비수도권 등에 따른 지역별 편차가 크기 때문에 자치단체 단위에서 당면하는 재정문제는 전국 합산 시 발견되는 문제보다 심각할 수 있다. 본고는 전국 단위의 분석을 수행하였는데 이선화(2018)는 자치단체 단위의 분석을 포함하고 있다.

13) 이 변수는 노인 부양비에서 분모를 실질적 경제활동인구를 대표하는 연령대인 만 20~64세로 수정한 값이다.

세는 국가재정 장기 전망에 따른 지방 이전 재원 증가율을 적용하였으며 국고보조금 중 사회복지 분야 보조금의 총액은 사회복지비 증가에 따른 지방비 매출 비율 변화를 반영하여 계산하였다.

$$\text{지방세수 추정식: } \ln(\text{지방세}_t) = a + \beta_1 \ln(GDP_t) + \beta_2 \ln(POP_t) + D_t + \epsilon_t$$

$$\text{세외수입 추정식: } \ln(\text{세외수입}_t) = a + \beta_1 \ln(GDP_t) + \zeta_t$$

지방 세출 변화의 주요 결정요인인 사회복지 지출은 기초연금, 기초생활보장비, 장애인 복지비, 보육 지출, 노인돌봄 지출 및 기타 사회복지 지출 등 총 6개 부문으로 세분화된다. 이 중 세출 변화에 가장 중요한 영향을 미치는 것은 기초연금이기 때문에 결국 기초연금 수요를 결정하는 노인인구 규모가 지방정부지출 변화의 기저변수인 것으로 파악되었다. 기초연금의 1인당 평균 수령액은 기초연금법안(2013)의 추정치에 2018년 개정안을 반영하여 사용하며 수령대상자는 65세 이상 노인인구의 70%로 가정하였다. 경제성장률과 국세 수입·지방 이전지출 등에 대한 전망치는 「2060년 장기재정전망」(기획재정부, 2015; 박명호, 2015)의 기준선을 사용하였으며 복지지출 전망은 한국보건사회연구원(신화연, 2014)과 국회예산정책처(2016)의 전망치를 참고하였다. 교육재정의 경우 세입의 90%에 달하는 이전 재원이 수요적 요인과는 무관하게 결정되며 총지출은 조세 수입의 일정 비율로 정해진 세입 규모에 의해 결정된다. 이러한 예산 편성 방식을 감안하여 교육재정은 세입 총액을 예산제약으로 하는 균형재정을 가정하였다.

이상 방법론에 따른 일반정부 총세입 대비 지방재정과 교육재정의 비중은 〈표 5-8〉과 같다. 2060년 지방정부의 예산은 2015년 기준(35%) 대비 총세출은 약 5%p 증가하고 총세입은 2.7%p 하락할 것으로 전망되었다. 사회복지

〈표 5-8〉 일반정부 총세입 대비 지방재정과 교육재정 비중 전망 (%)

연도	지방재정					교육재정
	총세출	총세입	재정수지	사회복지 지출	노인복지비	
2020	34.8	33.9	0.9	11.0	3.2	11.0
2025	35.1	32.1	3.0	12.0	5.5	10.6
2035	35.7	30.2	5.5	13.1	7.9	10.3
2045	37.7	29.9	7.8	14.6	10.2	10.4
2060	40.1	32.3	7.8	15.4	11.2	10.9

주: 일반정부 통합재정 기준 총세입은 중앙정부와 지방정부의 일반회계, 특별회계, 기금 합산액으로 정의됨.

분야의 지출 비중이 10.5%에서 15.4%로 4.9%p가량 증가하였음을 고려하면 총세출 비중 변화의 대부분은 사회복지비 증가에 기인한다. 사회복지비 중 노인복지비(기초연금과 노인돌봄 지출)의 일반정부 총세입 대비 비중은 2060년 11.2%p까지 높아질 전망이다. 교육재정은 10~11%로 거의 일정한 비율을 유지하는데 이는 총 조세수입의 일정 비율로 주어지는 교육예산 편성 방식에 따른 당연한 결과이다.

(2) 지방재정 및 교육재정 전망치에 대한 적정성 평가

다음으로 지방재정 기준선 전망 결과를 OECD 재정 운용 결과와 비교하였다. 〈표 5-9〉의 각 수치는 2015년 부문별 재정 비중 대비 해당 연도의 재정 비중이다. 부문별 현행 세입 및 세출 구조를 유지하는 경우 교육재정의 재정 구성비는 2015년 구성비 대비 2020년 0.957, 2025년 0.922, 2045년 0.904, 2060년 0.948로 감소할 전망이다. 복지재정 재정 구성비의 경우 2015년 20.11% 대비 2020년 1.100, 2025년 1.200, 2045년 1.460, 2060년 1.540으로

〈표 5-9〉 지방재정 기준선 전망에 따른 2015년 대비 부문별 재정 구성비 추이

전망 연도	교육재정(지방재정 전망)	복지재정(지방재정 전망)
2020	0.957	1.100
2025	0.922	1.200
2035	0.896	1.310
2045	0.904	1.460
2060	0.948	1.540

주: 2015년 부문별 재정 구성비 대비 전망 연도의 재정 구성비 비중.

증가할 것으로 전망되었다. 이에 비해 OECD 21개국의 2015년 부문별 재정 구성비 결과에 따르면 교육 부문 지출은 11.7%, 사회복지 부문 지출은 38.4%로 확인되었다. 따라서 설명변수 전망치가 OECD 국가와 가장 유사해지는 2025년 한국의 교육 부문 지출 비중은 4.4%p 낮추고 복지 부문 비중은 18.3%p 높이는 것이 적정해 보인다.

이상의 분석 결과에 따르면 OECD 국가 방식의 재정 운용을 적용하기 위해서는 인구구조 변화에 따른 단순한 적응에서 나아가 복지재정과 교육재정, 지방재정과 교육재정의 구조 개편이라는 재정 개혁의 필요성이 제기된다. 기능별 재정 구성비 문제에서는 노령인구 증가와 학령인구 감소라는 수요 요인의 변화에 대응하여 복지재정의 확대편성, 학령인구를 감안한 교육재정 편성이 개혁 과제로 요구된다. 행정단위로는 일반 지방재정과 교육재정 간 재정 칸막이의 제거 또는 예산 일부에 대한 통합 운영이 수요 요인 변화에 대한 유연한 대응책이 될 수 있다. 어떠한 방향이든 교육재정에 대해서는 총조세에 연동하는 현행 지출 결정 구조를 개편하고 교육 수요 인구를 세입에 반영하도록 하는 조치는 불가피해 보인다. 다만, 교육 지출 구조개혁이 정당성을 확보하기 위해서는 현재 우리나라 교육투자의 절대 수준에 대한 평가가 요구된

다. 교육 서비스의 질적 수준이 비교 대상 국가의 평균 수준을 크게 하회한다면, 단순히 지출 비중만으로 기능별 재정 배분의 적절성을 논하는 것은 설득력을 얻기 어려울 수 있다. 따라서 교육 부문 투자의 현재 수준을 간략하게 평가함으로써 교육재정 적정성 평가를 보완하기로 한다.

교육 서비스 수준에 대한 주요 지표로는 안종석 외(2006)에서 제시한 OECD 「Education at a Glance」의 학급당 학생 수, 교원 1인당 학생 수, 교사의 급여 수준 등을 사용하였다. 학급당 학생 수는, 초등학교의 경우 2005년 한국이 OECD 평균보다 11명 이상 많았으나 2014년에는 2.5명으로 그 격차가 현저히 줄어들었다. 2014년 한국의 초등학교 학급당 학생 수는 23.6명으로 영국이나 일본보다 낮았다. 중학교는 2005년 한국이 35.7명으로 OECD 평균보다 11.6명 많으나 2014년에 이르러 차이는 8.5명으로 감소하였다. 한국은 일부 학교급에서 과밀학급의 문제가 남아 있기는 하지만 평균적 수준에서 초중등학교의 과밀화 문제는 해소된 것으로 확인된다. 교원 1인당 학생 수에서도 우리나라의 교육 질은 OECD 평균에 도달한 것으로 판단된다. 교원 1인당 학생 수는 2005년 한국이 OECD 평균에 비해 초등학교 11.3명, 중학교 7.1명, 고등학교 3.0명이 더 많았으나 2014년 그 차이는 초등 1.8명, 중등 3.6명, 고등 1.2명으로 줄어들었다. 교사의 인적자본 수준은 교사 급여를 대리지표로 평가하였는데 2014년 한국 교사의 초임 급여는 전체 학교급에서 OECD 평균에 비해 4000~7000 달러가량 낮았다. 그러나 경력 15년 이상(초등은 경력 10년차 이후) 교사의 급여 수준은 OECD 평균을 초과하였으며 최고호봉 기준으로는 OECD 평균보다 50%가량 높았다.

안종석 외(2006, p.152)는 실질 급여 수준의 평가를 위해 교사의 급여를 수업 시간과 학생 수, 1인당 GDP에 대비한 상대적 크기로 지수화하였다. 이 지표에 따른 2014년 한국 교사의 상대적 임금수준은, 초등학교는 한국 1.526,

〈표 5-10〉 수업 시간과 학생 수를 고려한 우리나라와 OECD 국가의 교사 봉급[1] (2014년도)

구분		연간 수업 시간(A)	교사 1인당 학생 수(B)	15년 경력봉급/A = (C)	C/B = (D)	(D/인당 GDP)×10,000	
						2014년	2002년1)
초등	한국	656	16.9	72.183	4.271	1.526	1.147
	OECD 평균	776	15.1	54.994	3.642	0.882	1.073
중등	한국	548	16.6	86.235	5.195	1.437	2.529
	OECD 평균	694	13.0	63.987	4.922	1.177	1.623
고등	한국	550	14.5	85.922	5.926	1.181	3.315
	OECD 평균	644	13.3	72.017	5.415	1.260	2.074

주: 1) 안종석 외(2006)의 〈표 III-16〉(152쪽)에서 구성한 지표(2002년 기준)를 2014년 지표와 비교함.
2) 급여 단위는 미국달러의 PPP환산액 기준을 사용.
자료: OECD Indicators, 「Education at a Glance 2016」.

OECD 평균 0.882, 중학교는 한국 1.437, OECD 평균 1.177, 고등학교는 한국 1.181, OECD 평균 1.260 등으로 나타났다. OECD 국가와는 반대로 한국은 학교급이 낮을수록 상대임금이 높은 구조인데, 초등학교와 중학교 교사의 상대임금은 한국이 OECD 평균에 비해 월등히 높다. 이상 지표에 따르면 우리나라의 교육투자 수준은 OECD 평균 또는 그 이상의 수준에 도달한 것으로 평가된다.

종합해 보면 한국의 교육투자 수준은 이미 OECD 국가의 평균적 수준에 달해 있으며, 학령인구를 감안한 교육재정 편성이 교육 서비스의 질을 크게 훼손할 가능성은 높지 않아 보인다. 나아가 학령인구의 급감에도 불구하고 교육재정이 수요자의 수와 무관하게 정부 총예산의 일정 비율로 고정되어 경직적으로 운영된다면 본 연구가 전망한 바와 같이 복지지출 과소와 교육 지출 과다라는 정부 기능별 예산의 불균형 문제는 심화될 수밖에 없다.

4. 결론

본 연구에서 분석 대상으로 삼은 OECD 21개국은 우리나라에 앞서 고령화와 학령인구 감소, 경제성장 둔화를 경험하였다. 경제사회적 환경 변화에 대응해 이들 국가가 역사적으로 선택한 재정 운용 경험치는 유사한 경로를 따라가고 있는 우리나라의 재정 운용에 시사하는 바가 크다. 2015년 사회복지 부문에서 한국의 재정지출 비중은 20.1%로 OECD 평균에 비해 16%p가량이나 낮음에 비해 교육 부문은 16.2%로 4%p가 높았다. 지난 10년간 추이에 따르면 복지재정의 비중은 OECD 평균과의 갭이 점차 줄어들고 있으나 절대 수준에서는 여전히 OECD 국가 평균을 크게 하회하는 것으로 나타났다. 교육재정은 OECD 국가에 비해 한국의 총예산 대비 비중이 높은 부문이다. 그 차이는 최근에 들어 오히려 확대되었는데, 인구요인과 무관하게 총조세에 연동되어 있는 세입 결정 방식이 그 원인으로 풀이된다.

다음으로 부문별 재정지출 결정요인인 인구 구성비와 소득수준이 유사한 상태에서 OECD와 한국의 복지재정과 교육재정 비중을 평가하였는데, 인구 구성과 1인당 GDP 수준의 통제를 위해 2015년 OECD 21개 국가 평균과 한국의 2025년 전망치를 비교하였다. 2025년 인구 및 소득 전망치를 적용한 경우, 한국의 일반정부 총예산 대비 교육재정의 비중은 16.1%로 OECD 국가의 2015년 평균에 비해 4.3%p가 높은 반면, 복지재정의 비중은 23.1%로 OECD 평균에 비해 15.3%p가 낮은 것으로 전망되었다. 재정지출 결정요인을 통제하더라도, 한국의 교육재정과 복지재정(노인복지 포함)의 상대적 지출 구성은 OECD 평균에서 크게 벗어나 있음이 확인된 것이다. 행정적 운영 단위에서의 재정 평가를 위해서는 복지지출의 비중이 증가하고 있는 지방자치단체의 일반 재정과 시도교육청의 교육재정을 분석하였다. OECD 국가들이 지난 20년

간 선택한 방식으로 한국의 교육재정과 지방정부 사회복지 지출을 재설계한다면, 교육재정은 2025년 기준선 전망에 비해 4.4%p 축소하고, 사회복지 지출은 18.3%p까지 확대하는 것이 적정한 것으로 전망된다.

본 연구는 우리나라가 복지재정 과소와 교육재정 과다라는 구조적 문제에 처해 있다고 전망하였는데, 자치재정의 효율성 관점에서 보면 일반 지방재정과 교육재정 간 통합 운영이 구조개혁을 위한 정책대안이 될 수 있다. 다만, 행정단위로서 지방자치단체와 교육자치단체는 고유의 역사성을 가지고 발전해 왔기 때문에 행정단위 간 통합을 통한 지방재정과 교육재정의 통합적 운영은 현실성이 높지 않아 보인다. 대신 지방자치단체에서 교육청으로 이전되는 재원의 일부를 관할구역 내 공통의 사업 재원으로 활용하는 것과 같은 부분적·점진적 통합이 보다 실용적이면서 실현 가능한 대안이 될 수 있을 것이다.

참고문헌

국회예산정책처. 2016. 『2016~2060년 NABO 장기재정 전망』.

_____. 2017. 『대한민국 재정 2017』.

김성태·김명규. 2015. 「우리나라 적정 사회복지지출 수준의 모색」. ≪응용경제≫, 제17권 제3호.

김성태·이한식·임병인. 2013. 「국제비교를 통한 우리나라의 정 조세부담률 모색」. ≪재정정책논집≫, 제15권 제2호, 61~90쪽.

김완희·정성호. 2015. 『정부기능분류(COFOG)의 체계적 고찰』, 한국조세재정연구원.

김의섭·황진영. 2006. 「인구구조와 재분배적 재정지출」. ≪경제학연구≫, 제54집 제1호, 33~61쪽.

김진영. 2015. 「OECD 국가의 복지재정과 교육재정 규모 및 상호관계」. ≪재정학연구≫, 제8권 제3호, 89~118쪽.

류덕현. 2008. 「분야별 재정지출의 구조와 결정요인 분석」. ≪재정학연구≫, 제1권 제1호, 3~39쪽.

박명호. 2015. 「2016~2060 장기재정전망」. 한국조세재정연구원.

손희문 외. 2016. 「지방재정의 자주권 제고를 위한 정책의제 개발」. 한국지방세연구원.

신화연. 2014. 「사회보장 장기재정추계와 정책과제", ≪보건복지 Issue & Focus≫. 한국보건사회연구원.

안종석 외. 2006. 『교육재정의 효율성 제고방안 연구』. 한국조세연구원.

이선화. 2018. 『인구구조 변화에 따른 지방재정과 교육재정의 효과 분석』. 한국지방세연구원.

이현훈·이영련·허현승. 2008. 「인구구조의 변화가 경제성장에 미치는 효과」. ≪경제발전연구≫, 제14권 제2호, 27~50쪽.

임성일·손희준. 2011. 「지방교육재정제도의 개선방안: 지방재정과 지방교육재정간의 관계 재정립」. ≪지방행정연구≫, 제25권 제3호, 59~92쪽.

전영준·김성태·김진영. 2013. 「복지패러다임 전환의 경제적 효과: 보편적 복지 vs. 선택적 복지」. ≪경제학연구≫, 제61집 제2호.

최병호 외. 2016. 『지방재정 장기전망: 2016~2060년』, 지방재정학회.

황진영. 2006. 「재정지출이 소득불평등 완화에 기여하였는가?」. ≪경제발전연구≫, 제12권 제1호, 95~115쪽.

Sanz, I. Velazquez, F. 2002. "Determinants of the Composition of Government Expenditure by Function." *European Economy Group Working Paper* 13.

Scully, G. 1998. "Optimal Taxaton, Economic Growth and Income Inequality." *Public Choice,* Vol.115 No.3.

지은이(수록순)

유종일

미국 하버드대학교 경제학 박사

전 노트르담대학교, 케임브리지대학교, 리츠메이칸대학교 조교수

전 북경대학교, UCSD 초빙교수

현재 KDI국제정책대학원 원장

현재 글로벌코리아포럼 공동운영위원장

주요 연구: 「전환적 뉴딜」(공저, 2019), 『한국경제, 4대마약을 끊어라』(2018), 『피케티, 어떻게 읽을 것인가?』(편저, 2015), 『유종일의 진보경제학』(2012)

주상영

미국 위스콘신대학교(매디슨) 경제학 박사

전 대외경제정책연구원 연구위원

현재 건국대학교 경제학과 교수

현재 국민경제자문회의 거시경제분과 의장

주요 연구: 「노동소득분배율 변동이 내수에 미치는 영향」(2013), 『우울한 경제학의 귀환』(공저, 2015), 「피케티 이론으로 본 한국의 분배 문제」(2015), 「소득주도성장 패러다임은 여전히 유효한가?」(2018)

박규호

서울대학교 경영학과 졸업, 서울대학교 박사

현재 한신대학교 경영학과 부교수

주요 연구: 「한국 중소기업의 혁신생태계와 혁신에 관한 연구」(공저, 2018), 「생태계적 관점에서 본 한국경제의 혁신활성화 여건에 관한 연구」(2017), 「혁신형 기업생태계 구축과 창조적 성장」(2012)

박상인

미국 예일대학교 경제학 박사

전 뉴욕주립대학교 스토니브룩 대학 경제학과 조교수

전 예일대학교 경제학과 객원 조교수

현재 서울대학교 행정대학원 경제학 교수

현재 시장과 정부 연구센터 소장

주요 연구: "Review of Economics", "Statistics and Journal of Econometrics" 등 국내외 저명 학술지에 다수 논문. Strategies and Polices in Digital Convergence(2004), 『한반도 경제공동체 그 비전과 전략』(2009) 외 다수 공저서. 『벌거벗은 재벌님』(2012), 『삼성전자가 몰락해도 한국이 사는 길』(2016), 『왜 지금 재벌 개혁인가』(2017)

이선화

미국 캘리포니아 주립대학교(Davis 소재) 경제학 박사

현재 국회미래연구원 연구위원

현재 지방재정위기관리위원회 위원, 동반성장위원회 공익위원

주요연구: 「주택거래 구조모형을 이용한 조세정책효과」(2019), 「재정분권과 균형발전을 위한 법인세제 개편방안 연구」(2018), 「총요소생산성 모형을 통한 한국 제조업의 성장잠재력과 배분 효율성의 관계」(2013)

류덕현

미국 라이스 대학교 경제학 박사

현재 중앙대학교 경제학부 교수, 경제연구소 소장

현재 대통령정책기획위원회 산하 소득주도성장특별위원회 위원, 국고보조금 평가위원

주요연구: 「재정개혁과 경제성장: 통제집단합성법(SCM)을 이용한 접근」(2018), 「재정규모와 경제성장의 비선형관계 추정」(2016), 「교육분야 정부지출의 효율성 측정과 결정요인」(2010)

한울아카데미 2201

서울사회경제연구소 연구총서 XXXVIII

문재인 정부의 경제정책 전환과 과제

엮은이 | 서울사회경제연구소
지은이 | 유종일·주상영·박규호·박상인·이선화·류덕현
펴낸이 | 김종수
펴낸곳 | 한울엠플러스(주)
편집 책임 | 조수임
편 집 | 전성준

초판 1쇄 인쇄 | 2019년 12월 20일
초판 1쇄 발행 | 2019년 12월 30일

주소 | 10881 경기도 파주시 광인사길 153 한울시소빌딩 3층
전화 | 031-955-0655
팩스 | 031-955-0656
홈페이지 | www.hanulmplus.kr
등록번호 | 제406-2015-000143호

Printed in Korea.
ISBN 978-89-460-7201-5 93320

※ 책값은 겉표지에 표시되어 있습니다.